势不可挡

以色列"虎刺怕"创业法则

[以] 尤里·阿多尼 ◎ 著　　章布申 ◎ 译

清华大学出版社
北　京

北京市版权局著作合同等级号　图字：01-2021-5980

The Unstoppable Startup: Mastering Israel's Secret Rules of Chutzpah
EISBN: 978-1400219162
Copyright © 2020 Uri Adoni

本书封面贴有清华大学出版社防伪标签，无标签者不得销售。

版权所有，侵权必究。举报：010-62782989，beiqinquan@tup.tsinghua.edu.cn。

图书在版编目(CIP)数据

势不可挡：以色列"虎刺怕"创业法则 /（以）尤里·阿多尼 (Uri Adoni) 著；章布申译. —北京：清华大学出版社，2022.5

书名原文：The Unstoppable Startup: Mastering Israel's Secret Rules of Chutzpah
ISBN 978-7-302-59456-7

Ⅰ. ①势… Ⅱ. ①尤… ②章… Ⅲ. ①企业管理 Ⅳ. ①F272

中国版本图书馆 CIP 数据核字 (2021) 第 219216 号

责任编辑：顾　强
装帧设计：方加青
责任校对：王荣静
责任印制：朱雨萌

出版发行：清华大学出版社
　　　　　网　　址：http://www.tup.com.cn，http://www.wqbook.com
　　　　　地　　址：北京清华大学学研大厦 A 座　**邮　编**：100084
　　　　　社 总 机：010-83470000　**邮　购**：010-62786544
　　　　　投稿与读者服务：010-62776969，c-service@tup.tsinghua.edu.cn
　　　　　质 量 反 馈：010-62772015，zhiliang@tup.tsinghua.edu.cn
印 装 者：三河市东方印刷有限公司
经　　销：全国新华书店
开　　本：148mm×210mm　**印　张**：6.75　**字　数**：159 千字
版　　次：2022 年 5 月第 1 版　**印　次**：2022 年 5 月第 1 次印刷
定　　价：59.00 元

产品编号：093599-01

谨以此书纪念我的父亲阿米拉姆·阿多尼。他是医学博士、教授。他以身作则,教导我要勇于挑战旧观念,不要墨守成规。他告诉我,没有什么"非这么办不可",不管多大的人物,都不必对其言听计从。在工作中,他敢于创新,积极引进新技术。从他身上,我学到了创造的真正含义。

THE UNSTOPPABLE STARTUP:
MASTERING ISRAEL'S SECRET RULES OF CHUTZPAH

译者的话

我在学生时代和在职期间很少读闲书，在退休后的几年里，为弥补这个不足，看了不少自己感兴趣的历史书，其中包括犹太历史、以色列建国史和介绍以色列高科技发展的译著。我需要长期照料夫妻双方家中的患病老人，难免精神压力过大。因一直对文字工作感兴趣，所以在阅读过程中对书中的语言问题进行修改就成了自己缓解压力的一种方式。修改文字发给责任编辑后得到了一些人的认可，从而以书会友结识了几个出版社的编辑，之后又帮他们做了一些书稿的审校工作。在这几年业余编辑工作和译著审校的启发和激励下，2020年新冠疫情期间，自己翻译了一本现代知名美籍犹太作家的传记，是远在以色列特拉维夫定居的堂弟安德鲁·章的妻子埃娜特·法毕康特多年前送给先父的。无独有偶，在传记翻译完不久，因安德鲁与当时已从美国回到特拉维夫的本书作者相识，经他介绍，作者同意由我翻译此书。因此，今年我又开始翻译这本著作。

本书作者抓住了"虎刺怕"这个以色列创业者和其他国家创业者的本质区别，以此为切入点，根据自己作为资深投资家和企业高管所具有的丰富经验，结合作者所采访的以色列成功企业家各自的独特实践，总结出一套完整的初创公司行为准则和融资策略。在以色列以前没人做过此事，这本身就是一种创新。本书结构严谨、见解独到，书中所有的概念和理论均用实际案例加以说明是其最大的特色。虽然本书属于科技公司创业指南，受众面相对较小，但创业无处不在的以色列的虎刺怕精神对国人具有深刻的启发意义。希望本书的出版能使国内读者进一步了解以色列和全球高科技公司的创新之道，对中国当前"大众创业，万众创新"的参与者有所助益。

这是我的第一本译作，它是我送给同为从事英语翻译工作的先父和已过 102 岁高龄的慈母的礼物。它让自己圆了一个梦，晚辈也可以像你们一样有译作问世。为此我终于可以告慰二老，尽管已过花甲之年。因为是初步尝试原著翻译，译作谬误在所难免，真诚希望广大读者不吝指正。

借本书中译本出版之际，我要向与促成此书有关的所有人表示诚挚的谢意，没有你们就没有它的面世。

首先，我要感谢安德鲁和埃娜特，没有你们，我就无法得到翻译这本原著的机会。同时我要感谢本书作者尤里·阿多尼先生对我的信任，以及在翻译和编辑过程中，你对我所提问题的详细解答和迅速回复。

然后，我要感谢民进中央研究室的朱一多主任和徐超处长。没有你们牵线搭桥，我就不可能找到清华大学出版社。感谢你们在初次相识后就立刻热心帮助我联系出版单位。在此谨向你们表示由衷的谢意！

特别要感谢的是清华大学出版社的卢先和社长，该社经济与管理事业部的刘志彬、刘洋主任和顾强编辑。感谢卢社长和两位主任对本书原著选题的认同，并接受我这个新手承担本书的翻译工作。感谢顾强编辑对我译文的认可，并对译作质量严格把关，在联系作

译者的话

者、编辑和整个出版过程中秉承专业精神，尽职尽责。通过与你们的初次合作，深感清华大学出版社整个出版流程的高效。正是由于你们鼎力相助，才能有这本书的上市。为此我不胜感激！

  最后要感谢的是我的爱人陈晓平。在我翻译原著期间，是她甘愿承担起照顾现在家中两位高龄患病老人的大部分责任，没有她，我就不可能把主要精力投入翻译工作并按时交稿。这本译作的完成应归功于她的奉献。

章布申

2021 年 7 月于北京

THE UNSTOPPABLE STARTUP:
MASTERING ISRAEL'S SECRET RULES OF CHUTZPAH

前　言

创业公司的成功之路必定是艰辛的，尤其是在初创阶段，得在有限的资源下勉力维持增长，证明自己的能力。很可惜，大多数科技创业公司都败在了初创阶段。

《势不可挡：以色列"虎刺怕"创业法则》一书，为创业公司的经营策略提供了方针和建议，帮助它们打破这一定式。

本书作者尤里·阿多尼既是投资人，也是公司高管，在科技领域有丰富的经验。在这本书中，他讲述了以色列成为全球科技领导者的成功秘诀，对当今和未来的企业家、投资者颇具指导意义。

成功的秘诀就在以色列的"虎刺怕"精神中。具体来说，就是敢想、敢做、不墨守成规。富有"虎刺怕"精神的企业家，坚定地相信自己能够预测未来几年世界的需求，自己的企业能够成为世界范围内的成功企业。

在这本书中，作者从内部人士的角度介绍了创业公司成功的原因，以及应用这些策略的方法。要想理解"虎刺怕"，最好的方法莫过于直接呈现，所以这本书的见解和建议都以实用为要，务求脚踏实地，为创业公司提供切实的指导。本书也谈到了投资者和董事会成员该如何帮助创业公司践行虎刺怕精神，创造全新的生态系统。

我在 Facebook 以色列团队，我们与以色列创业公司密切合作，帮助这些公司成长和扩张，并在最艰难的初始阶段为其提供支持。从这些年与数百家创业公司的合作中，我发现，孵化企业时如果能从他人的经验中获得指导和支持，会有事半功倍的效果。

我相信，不管是企业家、投资人，还是创业生态系统中的参与者，都能从《势不可挡：以色列"虎刺怕"创业法则》中汲取有利的经验，走向更成功的未来。

阿迪·索弗·蒂尼

Adi Soffer Teeni

Facebook 以色列团队总经理

THE UNSTOPPABLE STARTUP:
MASTERING ISRAEL'S SECRET RULES OF CHUTZPAH

引　言

"大家有什么问题，请尽管问。"在一次国际技术会议上，我在演讲结束后留出了提问的时间，观众没人作声。正当我准备道谢退场的时候，一个二十多岁的年轻人从后排喊道："我要怎么发推特（Twitter）呢？"

"你要怎么发推特？"我重复了一遍，没太听懂是什么意思。

"你刚才不是说，以色列创造了一个高科技传奇。这个人口只有 900 多万的小国，外界威胁不断，却能拥有世界最多的风险投资资金和最高的人均创业密度。在纳斯达克证券市场上，以色列的企业数量位居前三，仅在美国和中国之后。那么我想问，原因何在？我又该怎样在 140 字的限制以内，把你的回答发布在推特上？"

这个问题问得好，我思考了一番答道："如果用几个字来回答这个问题，那就是虎刺怕。"我继续说道："正是因为虎刺怕，以色列的创业生态系统才不同于世界其他地方的创业生态系统，以色列的企业家才不同于世界其他地方的企业家。虎刺怕赋予了企业家商业胆识和领袖魅力；不管是创办新公司，还是树立新标准，抑或成为行业领导者，虎刺怕都必不可少。"我给出了我的结论："你就这样发布：答案在于虎刺怕。"

　　说实话，这个回答让我自己都大吃一惊。它理清了我的思路，让我的思考更深了一层。在接下来的几个月里，我采访了众多以色列高科技领域的企业家和领军人物，向他们提出了这些问题：你是怎么看待虎刺怕的？这对你早期的成功有多大影响？虎刺怕精神是天生的，还是后天学会的？

　　在这些对话的基础上，结合过去十多年来我在以色列高科技领域工作的经历，我写成了这本书。在这里，我想先就"虎刺怕"一词多着一些笔墨。"虎刺怕"（Chutzpah）来源于希伯来语和意第绪语，英语中被译作"胆识"（audacity），中文译作"虎刺怕"。在不同的语境下，它有不同的含义；每个含义都很有趣，可以引发关于勇气、傲慢、远见甚至冒进的讨论，说起来可就没完了。虽说虎刺怕是一种很好的品质，但有些欺世盗名之辈恐怕也不乏"虎刺怕"精神。在国外，以色列人不太把"虎刺怕"精神表现得太过明显，以免被同胞指责，说给外人留下蛮横无理的印象。可是呢，一旦说到成功之道，又难免扯到"虎刺怕"上来。

　　在《意第绪语的乐趣》（*The Joys of Yiddish*）一书中，利奥·罗斯滕（Leo Rosten）将"虎刺怕"定义为"其他语言都形容不了的横冲直撞、志在必得"。盖伊·川崎（Guy Kawasaki）曾任苹果公司营销主管，现在是硅谷的一名风险投资人，他认为，虎刺怕是苹果成功的关键因素。他将虎刺怕描述为"召集技术人员报告盗版软件上的漏洞"。用中国的老话说，虎刺怕就是一种敢为天下先的精神。

　　埃亚尔·因巴尔博士（Dr Eyal Inbar）是探究以色列商业和国际关系的学者，他写过一篇文章，分析虎刺怕作为一种独特的以色列文化，在激励以色列创新中的作用。因巴尔博士将虎刺怕定义为

引 言

"挑战主流秩序、传统思维、固有做法,克服恐惧,并做好承担风险的准备"。对创业公司来说,虎刺怕意味着颠覆"能活下来就好,别想着改变市场"的想法,勇于改变,不怕失败。富有虎刺怕精神的企业家,在一块钱都没赚到的时候,就能表现出改变世界的气场。这种不为现实所惧、毫不动摇的信心,就是他们成功的关键。

虎刺怕不仅仅是一个词,它是一整套思维方法,包括认识事物的角度和付诸实践的途径,几乎可以算是一种哲学。与我交谈的许多以色列企业家并没有意识到这个词可以用到他们身上,但当他们回溯自己成功的原因时,就会明白"虎刺怕哲学"发挥了多么重要的作用。

那么,究竟什么是创业公司的"一击制胜法",虎刺怕与一击制胜之间的联系又是怎样的呢?

建立一家新的高科技技术企业从来都并非易事,过程中会有很多阻碍,有的甚至发展为重大的困难。问题可能出在创业团队、技术、产品上,也有可能与营销、品牌、定位、分销渠道、定价、客户行为、竞争对手有关。因此,创业公司如果不能坚守使命,坚定必胜的信念,就很有可能失败。

创业公司必须要有一击制胜的魄力!没有什么阻碍是克服不了的,没有什么困难是无法应对的。马文·盖伊和特雷尔的歌里不就是这么唱的:"没有爬不过的山,没有越不过的谷,没有跨不过的河,没有什么能阻挡我找到你。"创业不可能一帆风顺,创业更像是坐过山车,成功的企业牢牢抓住轨道,勇往直前,而虎刺怕就是这些企业前进的动力。

后面我会讲到,虎刺怕并不是天生的,而是可以后天学习和塑造的。企业家如果能理解和运用虎刺怕,企业就会发展得更好,成功的可能性也会更大。

我担任 JVP 媒体实验室孵化器的合伙人十二年，虎刺怕一直是 JVP 践行的精神。1993 年，埃雷尔·马加利特博士（Dr. Erel Margalit）创立了 JVP，这是以色列最早的一批风险投资公司。近年来，它获得了多项殊荣：Preqin[①] 称其为 2018 年表现最稳定的风险投资基金之一；IVC[②] 授予它 2014 年和 2016 年最活跃风险投资基金称号；Geektime[③] 将其选作 2016 年年度基金。迄今为止，JVP 已经筹集了超过 14 亿美元的资金，投资了 140 多家企业，其中 12 家在纳斯达克上市，还有许多被思科、沃尔玛、红帽、微软、易安信、PayPal、索尼、Sales-force、博通、CA、日立、阿尔卡特等公司收购，交易总值超过 200 亿美元。作为投资公司，JVP 的经验是，从企业初创阶段就与其密切合作，高度关注其关键技术，如网络安全、大数据分析、计算机视觉、人工智能、企业软件和存储、移动技术、物联网等，在零售、健康产业、媒体、工商业等各大领域务求颠覆全球市场。当然，本书对 JVP 的解读和评价，仅代表我个人观点。

我对以色列高科技现象很感兴趣，正好又有 JVP 媒体实验室合作人的身份，故而有幸接待过来自世界各地的数百个代表团，并在国际会议上发言，就像我在导言最开始提到的那次一样。

作为投资人，我需要尽力在合作的公司中培养出虎刺怕精神。当然，很多公司从一开始就显露出了虎刺怕的萌芽。作为本书作者，我希望能点燃世界各地企业家、投资者、加速器和孵化器合伙人心中的虎刺怕之火。我将在这本书中对虎刺怕概念进行拆解、分析，提供一套可执行、易操作的方法论。

---

① Preqin 是一家位于伦敦的私人投资数据公司，提供有关另类资产市场的财务数据和信息，以及支持另类投资的工具。
② IVC 成立于 1997 年，是以色列高科技行业领先的数据源和商业信息公司。
③ Geektime 是以色列最大的科技媒体平台，也是以色列创业新闻的主要渠道。

本书的第一章讲述了我在 JVP 媒体实验室担任合伙人的经历，结合我从投资人角度的一些观察，主要探讨虎刺怕精神是如何内嵌于以色列人的文化传统的。毕竟，怎么阐释都不如举例子、讲故事来得直截了当。我采访过许多以色列科技领域的领军人物，因此也收获了不少有趣的故事：Waze 是如何扩大规模以致被谷歌以 11.5 亿美元收购的、"铁穹"系统背后的技术突破，等等。

第二章介绍了以色列创业公司如何建立、测试、验证、扩张，进而迎合半个地球之外的市场。在这方面，这本书对所有创业公司和未来的跨国企业都具有指导意义。我细数了创业公司成长的各个阶段，解释了如何从第一天起就将自己打造成跨国公司，也就创业公司如何挑战现有的技术格局给出了建议。在第三章中，我阐述了孵化器和其他早期投资工具的运作，展示了创业公司从中获得最大收益的方法。第四章主要谈及高科技企业生态系统的重要性，以及如何在最不可能的地方从零开始打造这种生态系统。JVP 就是在其创始人兼主席马加利特博士的领导下，在耶路撒冷和贝尔舍瓦创建了高科技社群，继而在以色列北部和美国纽约建立了分支机构。在结语部分，我会谈谈驱动创业公司的几大因素和如何进行投资选择。

本书想要传达的主要信息在于，领袖气质也许是天生的，但虎刺怕精神可以学习。不管你在哪里，不管你现在是不是企业家，都可以按照书中的思路培养自己的虎刺怕精神。

本书也涉及建立、管理一家创业公司，尤其是远离硅谷的科技企业，所需要的一些文化和行为上的建议。虎刺怕就是穿起这些建议的那根线，要敢于挑战市场的现行方案，敢于畅想你的公司有一天也能成为全球行业领袖，敢于把大型跨国企业当作潜在的服务客户，敢于相信自己有能力预测未来几年的市场走向。大家需要有一种紧迫感，了解"完成任务"的文化，知道何时该挑战权威、如何挑战权威，并学会从失败中汲取经验教训。

在接下来的几章中，我会：

- 进一步定义虎刺怕，并将其分解为一套适用于企业家和创业公司的规则；
- 阐明成功企业具备哪些文化；
- 制定一个行之有效的创业三步走方法；
- 解释创业公司如何与寻求创新的大公司合作；
- 展示建立和运营早期技术孵化器的具体细节；
- 为高科技企业生态系统的搭建和维护提供一个模式。

《势不可挡：以色列"虎刺怕"创业法则》是创业公司初创阶段的实用指南，适用于想要建立科技创业公司的企业家、想要投资科技创业公司的投资人或是想要搭建科技企业生态系统的人士。正如没有手册能确保企业成功一样，虎刺怕精神也没有一个万能的公式。但是，书中提到的这些故事和观点，将会为你开启新工作或改进现有的工作提供有益的指导和灵感。

THE UNSTOPPABLE STARTUP:
MASTERING ISRAEL'S SECRET RULES OF CHUTZPAH

目 录

第一章
虎刺怕的六条规则 / 1

第一节　什么是虎刺怕？什么是创业公司？ / 2

第二节　虎刺怕的第一条规则
　　　　——挑战现状 / 14

第三节　虎刺怕的第二条规则
　　　　——要么占领市场，要么创造一个新市场 / 22

第四节　虎刺怕的第三条规则
　　　　——预判市场需求 / 26

第五节　虎刺怕的第四条规则
　　　　——相信市场需要你 / 30

第六节　虎刺怕的第五条规则
　　　　——打破规则 / 36

第七节　虎刺怕的第六条规则
　　　　——能展示，就不要讲述 / 44

第二章
初创公司行为准则 / 47

第一节　明确任务，用 KPI 考核　/ 48

第二节　倾听市场声音，避免错误决策　/ 55

第三节　做好国际化的准备　/ 63

第四节　科技巨头林立，创业公司如何存活　/ 86

目 录

第三章
初创公司融资实践　/ 97

第一节　早期投资工具介绍　/ 98

第二节　创业公司成长的三个阶段　/ 111

第三节　建设和运行早期投资工具　/ 130

第四节　成为投资人眼中的明星　/ 144

第四章
创新生态系统 / 157

第一节　步步为营，建立创新生态系统　/ 158
第二节　创新生态系统的六大支柱　/ 171

后记 / 181

致谢 / 189

第一章
虎刺怕的六条规则

THE UNSTOPPABLE STARTUP:
MASTERING ISRAEL'S SECRET RULES OF CHUTZPAH

第一节
什么是虎刺怕？什么是创业公司？

凡大事，若无虎刺怕，皆难做成。

——阿伦·阿尔达

以色列之所以能孕育出如此多的创业公司，背后的原因有很多：具有创造力的个人、结构合理且积极推动的政府、强制兵役制和关注技术革新的军队、领先的学术机构和成熟的技术集群。还有一些文化因素也在起作用，比如虎刺怕。这是一个根植于以色列国民性中的特质，但它并不是以色列所独有，很多卓越的科技公司其实也在践行这种精神。从史蒂夫·乔布斯的"现实扭曲场"到埃隆·马斯克的火星探索计划，都能看到虎刺怕的影子。

对以色列人来说，虎刺怕精神可能是天生的，但这不代表它不可以后天培养出来。虎刺怕对企业和科技创业公司大有裨益，值得我们去学习和培养。在进一步讨论之前，不妨先看一看虎刺怕是如何在实践中体现出来的。

有时，虎刺怕意味着对不可能说"不"。2015年，一头红发的里拉·坦克曼（Liran Tancman）29岁。据报道，他把创立了不到两年的公司CyActive以6000万至8000万美元的价格卖给了PayPal。不管是在技术创新层面还是交易谈判层面，他都体现出了卓越的虎刺怕精神。从他的故事我们可以看出，虎刺怕就是，即便人人都对这件事持怀疑态度，但你依然有勇气去实现它。

第一章　虎刺怕的六条规则

坦克曼是这样说的："当你为了卖掉公司而四处游说的时候，就得密切关注对方的反应。如果人们觉得这个项目能挣钱，他们的耳朵就会竖起来。如果人们有点怀疑，但是依然有兴趣持续关注，你也会看到相应的反应。如果对方一点疑问都没有，那这个项目肯定不是好项目，因为它太简单了。我卖CyActive的时候，几乎各方面都受到了质疑，对技术的，对产品的，对公司能不能走向市场的，而且我们这个项目很依赖市场。所以，不仅仅是在技术创新上要做到虎刺怕，在经营公司的各个方面都要做到虎刺怕。"

同样是确保网络安全，CyActive没有把目光放在防止已知的恶意软件的攻击上，而是未卜先知，保护公司免受黑客都还没想到的计算机病毒的侵害。做到这一点的关键，在于一套受生物进化启发的算法。就是这一点，让听者既怀疑又感兴趣。CyActive挑战了整个杀毒软件市场，重新定义了杀毒软件"杀毒"的方式。其在科技创新上的虎刺怕体现在，把恶意软件看作生物界的病毒，认为这些病毒能在传播中发生变异，逐渐适应并突破阻拦它的各种安全措施。

坦克曼解释说："黑客是站在巨人肩膀上的，这个巨人就是其他黑客。每一个新的恶意软件都是在过去行之有效的恶意软件的基础之上改造而成的。这也就是为什么很容易就能发起一次恶意软件攻击，因为你只需要把代码改一改，再尝试一次就够了，就像病毒变异一样，根本不用把全部内容重写一遍。如果黑客每发动一次攻击，就要重写全部代码，那成本肯定会大幅提高，进而被市场淘汰。"

他继续道："黑客或者说攻击者同保卫者之间存在严重的成本不对等。黑客可以轻松、廉价、快速地创建恶意软件，而杀毒软件的开发则非常昂贵。因此，针对黑客投入的每一美元，公司都会花费数千美元来抵御。然而，98%的恶意软件都是现有版本的变体。

在整个攻击链中,你几乎找不到一个不是改造自其他组件的元素。"

CyActive 所做的就是预判未来恶意软件发展的方向。它的技术能够预测成百上千条黑客逃避安全措施的方法,然后,运用机器学习创建一种算法,检测未来新版本的恶意软件。

举个例子,2006 年首次出现的"毒藤"特洛伊木马病毒,即使在今天都很难排查干净。为了验证其进化算法的有效性,CyActive 在 2008 年采集了一个毒藤病毒样本,将其放入引擎中。通过预演未来五年的病毒进化,CyActive 成功预测了几个出现在 2012 和 2013 年的病毒变体。

"我们要考虑的远不仅仅是改变代码的排列方式。"坦克曼用了一个惊人的比喻:"如果黑客是掌管恶意软件进化的神,那么他进行优化的目的是什么?我们认为,只有两件事:一个让它的影响更恶劣,二是让它的踪迹更隐蔽。所以我们生成了 500 个病毒,然后从中挑出最恶劣、最隐蔽的那一个,再将它与其他病毒合并,然后重复这一过程。我们不再是每出来一种新病毒,我们就寻找一个新的应对方法,这属于反应式防护;我们要做的是创建一个数学模型,让它找到我们所提供的一系列病毒的共同点并做出防御。即便这个病毒现阶段并不存在,也没有关系。"

CyActive 方法的卓越之处在于它技术上非常大胆,它将生物学理念运用到算法中,并将其应用于网络安全领域。CyActive 成立的时候,坦克曼刚刚结束在以色列国防军的服役,进入希伯来大学生物学和认知科学专业学习。他曾经向以色列安全部门的负责人建议,设立一个防范网络攻击的部门,他还担任了战略顾问。他每周会参加一次授业讲座。在为大学的一个非营利组织筹款时,他认识了为另一个非营利组织筹款的莎拉,不久两人就结婚了。那时,坦克曼在一所大学实验室担任助理研究员,研究生物进化算法。他告诉莎拉,他的计划是先攻读博士学位,然后创办一家公司。莎拉却说他不如先直接创办公司。

"所以,能创办这家公司,多亏了莎拉。"坦克曼说:"那天我从实验室回家,说到我正在研究的进化算法,她问我为什么不用它来预测新的计算机病毒呢。"

进化算法已经存在多年了,可是从没有人想过将其应用于防范计算机病毒。CyActive是第一家这么做的公司。

总的来说,虎刺怕的第一要义就是"敢"。这个敢不是指口无遮拦或者不顾他人,而是敢于带领大家去追求一个看上去无法实现的目标,并且咬定目标不放弃,这是一个优秀的企业家应该具备的素质。

因巴尔博士说:"全世界都在好奇,以色列为什么能在高科技领域取得如此巨大的成功。根据霍夫斯泰德文化维度理论,以色列属于低权力距离文化。我想,这一点是理解虎刺怕精神的关键。"

在霍夫斯泰德的文化维度理论中,权力距离是对权力的接受程度,即权力较低的人接受自己权力较低这一事实的程度。在高权力距离文化中,权力较低的人表现出对高层的默许和顺从,将其视为自然秩序。

而在以色列这样的低权力距离文化中,权力高者和权力低者之间情感距离相对较小,关系更加倾向于民主和磋商。再加上适量的虎刺怕,人们自然会勇于挑战权威,且从来不乏把事情做得更好的动力,不用太计较老板是怎么想的。科技跨国公司进入以色列后,对以色列低级别员工敢于挑战领导的行为感到非常震惊,这样的故事比比皆是。而更令这些跨国公司震惊的是,人们不会把这些挑战当作失范。

科比·罗森加滕(Kobi Rozengarten)是赛芬半导体公司的前

任总裁兼首席运营官。赛芬半导体是一家全球领先的公司，为非易失性内存市场提供 IP 解决方案，在纳斯达克上市。罗森加滕回忆说："在赛芬上市之前，我是一家以色列公司的运营经理。我们不是没有制定运营计划，但是计划总是很难推行下去。你得一直盯着，确保每一步都按计划实施，因为在以色列，员工经常质疑计划合不合理；不管职位大小，很多事情都可以争论，不存在什么层级金字塔。"确实，权力距离较低的文化倾向于更扁平的管理结构，或者干脆不设层级。

罗森加滕去美国后，情况就大不一样了。"在美国当主管，你会发现大家都很听话，90% 的人让干什么就干什么，对计划的执行完全没有异议，简直太惊喜了！没有人挑战你的决定，工作按计划推进。在以色列，完全是反过来的。你提出一个计划，就有人说这个计划不好，而这个人也许只是生产线上职级最低的人。可问题是，他可能真的有道理。作为主管，你有两个选择：要么畏惧发言者，想办法让他闭嘴；要么耐心倾听听他的意见。"

"历史上看，虎刺怕一直都是叛逆的代名词。"因巴尔博士说，"在犹太教经典《塔木德》中，'虎刺怕'的词根意味着傲慢和逆反。我想，这也是今天"虎刺怕"一词的内核——敢于挺身而出，挑战现有秩序。这里面有很深的民族文化内涵。根据一些解释，'以色列'这个名字原本意思是'与神角斗'。亚伯兰向上帝求情，想让所多玛和蛾摩拉两城之人免受惩罚；摩西与上帝几度争论，反对他在沙漠中惩罚他的人民……这样的例子还有不少。以色列人反抗希腊和罗马帝国，在两千年的飘零中依然保持了一个民族的完整。以色列在敌意重重的国际环境中建国，也不可谓不是虎刺怕之举。

因巴尔博士继续道："经常有人问我，虎刺怕能不能后天学会。固然，它是以色列人基因的一部分，只要生长在以色列文化中，就会有虎刺怕的精神。这样来看,虎刺怕似乎内嵌于这个国家的文化之中。但同时,虎刺怕也是一种思维和行事方式,从这个意义上讲,当然是可以后天学会的。"

为了学习以色列的创业文化和创业生态系统,许多国家都向以色列派出过代表团。"中国代表团问怎样增强创新能力,并且通过关键绩效指标(KPI)体现出来。"罗森加滕说,"我们讲了三件事。第一,要勇于打破规则。以色列人很擅长打破规则,有人能跳出原来的框架去思考,有人不在乎做什么老好人。随之而来的就是第二点:不要畏惧他人的目光。说错了又怎样,被赶出门去又怎样,我们不在乎,大不了多试几次。第三,不要墨守成规,要多问问题,多质疑,这样才能带来创造力。"

罗森加滕补充道:"虎刺怕也可能来自于对周围环境的不理解、不接受。那些富于虎刺怕精神的企业家,就是单纯不明白事情为什么要这样运作。于是他们就提出疑问,接受不管多复杂的挑战,哪怕资源尚不充足、准备尚不充分。这就是不理解,不理解什么能做、什么不能做。从这个意义上说,虎刺怕实际上是弱者的武器。我们国家许多创业成功的故事,最开始都源于这种不理解。"

✡ 教授虎刺怕

据坦克曼说,他是在军队服役期间学到的虎刺怕。"我入伍之后,去了情报团。当时,以色列的地缘政治形势正发生翻天覆地的变化,情报团的许多计划都化为泡影。情报官员们组成了一个'颠覆小组',里面既有准将,也有刚入伍的新兵,我也是其中一员,我们的任务是制订一个替代方案。其实上级并没有要求我们这么做,我们的做法甚至与上级的指令相悖。后来,我们想把这个替代方案公之于众,但又不想走常规的层层上报的路子,先给情报团团长,再到国防军总司令什么的。我们决定直接把它拿给国防部长和总理看。具体的方法就是写一张总理一定会看的便函。我想其他国家应该不会允许这种做法。"

"没想到计划成功了。总理看了我们的方案,并指示全军采纳这个方案。"

坦克曼接着说:"我在军队还学到,大家一起把一个疯狂的想法付诸实践,就是虎刺怕。在我看来,'思考'一词,必定就包括了群策群力,因为我们是站在前人肩膀上的。在情报团,我学会了怎样把一群优秀的人团结起来,怎样向大家推销一个理念,并邀请大家加入。这种感觉非常让人振奋。你们自发组成小组,有顶尖的人才倾听你的想法,又有上万人最终执行由你参与制订的方案。在以色列国防军,从方案实施到结果显现,花了三年;而在CyActive,这一过程只花了18个月,它就成功被PayPal收购了。"

✡ 虎刺怕的三个方面

为了方便讨论,我们在这本书中将虎刺怕分成三个方面:
1. 思维方式
2. 经营理念
3. 处世哲学

很多人提到虎刺怕时,会将它与某种具体的行为联系在一起,比如告诉行业领袖,你们公司的解决方案比他们高明,或者公开宣称你们的公司将改变世界。但其实,虎刺怕首先是一种思考问题和理解世界的方式,其次才是根据你的思考和理解来行动。正因如此,才有人说,虎刺怕已经成为新时代的领袖气质。

领袖气质太过表面化了，它关注的是人向世界传递信息、传达思想的方式，至于这个人背后，思想本身的力量，则被忽视了。举个极端点的例子，在领袖魅力的躯壳下，可能是一个完全空洞的灵魂，就像一个口若悬河的推销员，或者散布歪理邪说的邪恶分子。

而虎刺怕精神则恰恰相反，它是一套价值观、一种思维方式，它挑战传统，激发变革。因此，创业公司想要成功，技术革新想要推进，都离不开虎刺怕。曾经备受追捧的领袖气质，在推崇技术的"讷客文化"（nerd culture）的崛起下，不得不让位于"虎刺怕"精神。

✡ 界定虎刺怕

在希伯来语中，虎刺怕也用来表示某人越过社会所允许的行为边界。关于虎刺怕，一个正统的犹太教网站是这样说的："你需要兼顾两个方面：对错误的事，要用羞耻之心来牵制鲁莽的虎刺怕；对正确的事，要凭借虎刺怕之心来突破羞耻感的束缚。"

记住，傲慢是不可取的。一个举止傲慢的人，不仅难以实现目标，还会白白浪费沿途的机遇。只有合理而坚定地践行虎刺怕，才会激发出难以估量的能量，帮助你达成目标。

虎刺怕不是罔顾真相，更不是哗众取宠。运用虎刺怕，是为了与正确的人建立联系，向他们讲述你的愿景，获得他们的信任。公司的思维方式、战略、产品、合作关系和目标都可以大胆运用虎刺怕，但虎刺怕绝不是莽撞无礼的借口。

罗森加滕谈及虎刺怕时，告诫说，不要把它当作创业公司的万金油，不要希冀它能一劳永逸地解决所有问题。"虎刺怕就像肥料，能让树木茁壮成长，但如果施得太多，有可能会起反作用。因此，要注意把握这个度。"

虎刺怕是能量的来源、前进的动力，是内在的东西，而不是摆在外面、张牙舞爪的面具。运用虎刺怕，需要看时机。在商场上，运用虎刺怕，可以帮助你树立宏大的目标，不怯于在初创阶段就和大型企业接触。而在有些场合，则不必一味虎刺怕。

在进一步探讨虎刺怕为何对创业公司如此重要之前，我们先来看一看什么是创业公司。

✡ 什么是创业公司

字典上对科技创业公司的定义是"一家新成立的公司"，但它的含义远不止于此。要理解科技创业公司，首先要理解科技。大多数情况下，投资人选择创业公司进行投资时，最看重的不是它的技术本身有多新，而是要求这项技术的比较优势或者市场化过程能够带来新的产品、服务，或者能够有效降低成本。换句话说，技术的目的在于改变非技术领域的市场格局，比如叫出租车的新方式，点外卖的新方式，商品比价的新方式，招聘人才、广告投放的新方式，等等。

和餐饮业、烘焙业不同，科技创业公司有一套独特的商业模式，可以迅速扩张甚至占领全球市场。科技创业公司可以以非指数级的成本，呈指数级扩张。而餐饮和烘焙则永远受限于场地，规模扩大也无可避免地带来成本的增加，即便进行技术革新，也没有办法摆脱这种成本加成的束缚。

而正因为创业公司颠覆了现有的这种商业模式，虎刺怕才有了发挥的空间。在有些案例中，创业公司甚至可以打破科学的旧成果。比如 Tipa，一家可堆肥包装的创业公司；还有名字很有趣的 Secret Double Octopus，挑战了信息安全和密码学领域的一些原理。

想要更深入地理解创业公司,就需要搞清楚"退出"这个概念。"退出"是一个投资学术语,意思是上市(公开发行股票),或者被其他公司合并或收购。之所以称为"退出",因为它意味着投资者可以卖掉他们的股份,从而赚到钱。为什么一定要靠退出赚钱呢?因为创业公司通常不分红,也不发工资。因此,未来能不能退出就成为影响投资决策的重要因素。

《福布斯》采访过不少公司创始人,这些创始人对创业公司是这样定义的:Passwordbox 创始人丹尼尔·鲁比肖(Daniel Roubichaud)称:创业公司是"一个牵引力最小的商业理念"。Venmo 创始人伊克拉姆·马格登·伊斯梅尔(Iqram Magdon-Ismail)将创业公司看作"一群人在有限的时间内朝着共同的目标而努力"。Warby Parker 联合创始人兼联合首席执行官尼尔·布卢门塔尔(Neil Blumenthal)称其为"试图在摸索中解决问题且存在失败风险的公司"。InteraXon 联合创始人兼首席执行官阿里尔·加滕(Ariel Garten)则把它看作"一家基于大创意的小型高增长公司"。

亚历克斯·威廉(Alex Wilhelm)提出过一条定义创业公司的"50-100-500"原则:如果一家公司在前 12 个月的年营收运转率超过 5000 万美元,员工人数超过 100,或者公司估值超过 5 亿美元,那么它就不再属于创业公司。

史蒂夫·布兰克(Steve Blank)是一位连续创业者,他将创业公司定义为"旨在寻找可再生、可扩展的商业模式的临时组织"。他说的很有道理。创业公司是一个小型团队,专注于可再生、可拓展的产品和市场。这种产品和市场就是所谓的"商业模式";可再生是指销售不是一次性的,是可持续的,针对的不是一个客户,而是许多客户;可拓展则意味着能够快速增长,跳出"成本加成"模式。很多人以为创业公司最大的挑战是开发产品,其实在很多情况下,找到一个可扩展和可再生的商业模式更加困难。许多创业公司之所以失败，并不是因为他们在开发技术或产品方面不到位，而是因为他们无法获取市场或者为他们的创业找到可行的商业模式。

布兰克称创业公司为"临时组织"，因为创业公司不会永远是创业公司，它会发展成大公司，那又是另一种生物了。别忘了，创业公司还有可能倒闭。学会面对失败，也是虎刺怕精神重要的内容之一。

埃里克·莱斯（Eric Ries）是一位企业家、博客作者，也是《精益创业》一书的作者。他说，创业远不是两个杰出人士在车库里共同努力这么简单。创业公司是"一个由人组成的机构，在极端不确定的情况下，开发新产品或新服务[①]"。这个定义看似简单，实则包括了许多重要的内容：

- **人**：不要以为创业公司仅仅就是产品或技术，创业公司的真正价值在于人、人对公司的热情和人与人之间的互动。
- **机构**：创业公司作为一个机构，就必须要建立相应的制度，包括招聘有创造力的员工、协调他们的工作、培养企业文化、产出成果等。这些活动对公司的成功至关重要。
- **新**：创业公司要为其客户或用户创造新的价值来源，让他们获得更好的生活。创新不一定非得是技术创新，也可以是"重新开发现有技术的新用途、发展新的业务模式、释放潜在价值，抑或仅仅是把产品或服务带到新的市场，或带给以往服务力度不够的顾客。凡此种种，创新都是企业成功的核心所在。"[②]
- **极端不确定**：创新就意味着不确定，意味着常规的商业模式无法适用。如果新成立的是餐馆、理发店等，它们有既定的商业

---

① 引用自《精益创业》第14页，中信出版社2012年版。
② 引用自《精益创业》第15页，中信出版社2012年版。

模式可以借鉴，那么成功的概率就会大一些。创业公司没有先例可以参照，即便搭建的商业模式不错，也无法排除风险，因为大家都是摸着石头过河。有一些尝试，旁人看来可能是实现不了的，但创业公司就是要在这种不可能中寻找可能，不断试验，快速发展，一旦建立了行之有效的"可再生、可拓展的商业模式"，就会迅速扩张。而这一过程就需要虎刺怕的参与。

我对创业公司的定义是："一家挑战现有解决方案和传统智慧的公司，基于对未来社会的假设和对未来个人和组织行为的预判，开发产品或服务。"这个定义与因巴尔博士对虎刺怕的定义十分相似，这并非巧合，因为虎刺怕的内核恰恰也是对既定秩序的挑战。

最后强调一点：创业公司不是做幻灯片，不是去假想一个可再生、可拓展的商业模式。这种模式必须在现实世界经过一段时间的实践和验证，从技术研究到产品开发，再到进入市场测试产品，最后还要推广。我将在本书第三章第二节"创业公司成长的三个阶段"中详细介绍这个过程。现在需要厘清的是，创业不能仅仅停留在想法上，它是一项亟须测试和迭代的业务。

并不是每一个创新的想法都能孕育出一家创业公司，但每一个好的创业项目背后都有一个创新的想法。想法与创业之间的区别在于，在创业的早期投资或孵化阶段，除了要有想法，还要进行一系列的产品市场活动，如讨论可行性、寻找解决方案、打开市场、建设团队等。

第二节

虎刺怕的第一条规则
——挑战现状

> 做自由的思考者，不要听到什么便接受什么。先批判，再相信。
> ——亚里士多德

这里讲的虎刺怕是一种心态，一种企业家应该具备的思维方式。"我不必接受现实。既然目前的方案不够好，不能满足当下的需求，没法解决市场的问题，那么就一定还有更好、更快、更有效的方法。我要找到这种方法，然后将它发扬光大。"

有些时候，挑战现实听起来可能过于滑稽或近乎妄想。你不敢想象自己会说"这个事我能做得比谷歌强"。但我们也知道，确实有人经过努力后，把有些事"做得比谷歌强"。谷歌刚刚成立的时候，它的创始人也不过是两名大学生，他们却有胆量说"我们能做出比雅虎更好的搜索引擎"。

举这个例子并不是说，只要有人拿着计划书，宣称要做更好的搜索引擎、导弹拦截器或社交网络，投资人就应该投资。重要的是那种不把任何事情都当作理所当然、不盲目相信传统智慧、敢于挑战成规的态度，这对创业公司来说是不可或缺的。

以色列的"铁穹"导弹防御系统可以击落向特定地区发射的火箭。即便几千只导弹齐发，人们也不用害怕了。在它的守卫下，以色列人民终于过上了正常的生活。导弹防御系统的存在，瓦解了邻国对以色列的导弹威胁。而当初,如果不是丹尼·戈尔德博士(Dr. Danny Gold)挑战军工业设下的限制,今天就不会有这个防御系统存在。戈尔德博士当时是以色列国防部武器和技术基础设施发展管理局的负责人,他提出"铁穹"计划的时候,以色列国防部及美国同行认为他疯了。然而,关于导弹防御系统能做什么、不能做什么,需要多少成本、能实现怎样的效果,种种成见都被"铁穹"计划的实现推翻了。

火箭造价不高,技术也不难。只需要几根钢管、一些肥料、一点炸药和一个简单的引爆装置。据估计,从加沙地带向以色列发射的卡萨姆火箭,每枚售价仅 800 美元。

在"铁穹"系统实施之前,卡萨姆火箭对以色列大部分地区构成了严重威胁。2006 年夏天,真主党从黎巴嫩向以色列北部发射了约 4000 枚火箭,造成 44 名平民死亡。一旦有火箭发射,上百万的平民就躲进防空洞里(防空洞是以色列数量最多的建筑),日常生活也戛然而止。在以色列南部,仅 2000 年至 2008 年间,就有约 8 万枚火箭弹和迫击炮射向平民。以色列不能坐以待毙,可又能做些什么呢?

戈尔德博士说:"当我开始这项工作时,整个科学界都持怀疑态度。用导弹拦截导弹,我自己想来,也感觉像科幻小说里的情节。我很高兴,在我们的努力下,小说成为了现实。"

这一科幻小说式的创想改变了导弹袭击地区的政治现实。"这一系统的重要之处在于它引领了接下来的政治和军事布局。平民受到保护,国内没有伤亡,军队因此有了充足的时间。"政治分析人士一致认为,"铁穹"系统改变了这块地区地缘政治的游戏规则。以色列的平民性命无忧,军事和政治部门在做决策的时候,就可以无视邻国的导弹威胁了。

一位不愿透露姓名的系统开发人员讲述了开发过程中遇到的挑战。"卡萨姆火箭使用的材料和系统都不太精确，因此轨迹比较粗犷，偏差是常有的事。在这样一个充满干扰的环境，要近距离感应和拦截如此小的东西，大多数防御系统都是无法做到的。就像试图拦截一个比音速还快的可乐瓶。听起来很疯狂，对吧？然而我们却要迎难而上，在不到30个月之内就得做好。要知道，大多数武器开发项目需要的时间都比这长得多，而且我们的成本还只有通常成本的十分之一。"

这是一个冬夜，即便在贝尔谢巴附近的沙漠，也能感觉到寒冷。在由当地投资者、公司和市政当局为建立贝尔谢巴科技生态系统而出资举办的会议上，退休准将戈尔德发表了演讲，大约150人通过网络收看了演讲。

戈尔德首先播放了传统防空系统和无人驾驶车的视频。视频很有趣，但这不是大家期待的干货。终于，他开始讲"铁穹"系统了。他说，普通人拍的"铁穹"系统拦截视频比系统开发人员拍摄的好多了，他直接从YouTube上找了一段放给大家看。网上有很多这样的视频，因为人们确信这个系统能拦截火箭以后，就不再遵守政府的劝诫，在轰炸来临时寻找掩体了，而是待在街上，欣赏这一景象或者拍摄视频。

戈尔德展示了"铁穹之前"和"铁穹之后"的视频。第一个视频是在还没有建立"铁穹"系统的时候拍摄的。大人和孩子们正聚在一起，像是个幼儿园，可能在庆祝生日。警报声响起，人人四散逃命，寻找掩体。15秒后，镜头里一个人影都没有了。第二个视频是2011年"铁穹"系统正式开始运作后在特拉维夫海滨长廊拍摄的。警报声响起，有的人继续泡在海里，有的人虽然躲到墙边，但也只是坐在人行道上，并没有蹲下或护住头部。还有的人不慌不忙地寻

第一章 虎刺怕的六条规则

找掩体。火箭袭击已经无法造成恐慌了。空中升起的两朵白云标志着拦截成功。

戈尔德最喜欢的一个视频是 2012 年在贝尔谢巴拍摄的，当时摄影师正受雇拍摄一场户外婚礼。一开始，你会看到客人们站在开阔的天空下，吃着开胃小菜。警报响起时，他们不慌不忙地走进婚礼大厅，既没有无视警报，也没有惊慌失措。有些人选择留在户外继续进餐。然后摄像机转向了天空。当晚，哈马斯的特工意识到了"铁穹"的威力，并试图通过一次发射多枚导弹来寻找其突破点。当火箭拦截器为了寻找来袭的火箭并确定轨迹，在空中飞驰、闪避，形成一个个半圆形时，戈尔德解释道："看到那个火箭了吗？看上去系统好像没捕捉到它，其实不然。系统能够分辨哪些会落地造成伤害，哪些是哑炮或者会掉入海里，然后追踪那些需要拦截的火箭。"

"铁穹"系统最早可以追溯到 2004 年，当时一个调查以色列导弹防御方案的情报机构成立了。戈尔德回忆说："我突然有了拦截和摧毁导弹的想法，当时觉得简直是异想天开，不切实际，我完全没想到我们能要来资金，但还是决定一试。"

2005 年，戈尔德向全球领先的防务公司征求意见。"我们收到了 24 份方案，但没有一份能打动我们，它们看起来全都没法长久地运行下去。"于是，戈尔德的团队规划了一个他们认为可行的内部架构，并列出了政府资金无法到位的情况下有意向投资该项目的私人投资者。这一应对政府资金不足问题的方法是极富虎刺怕精神的。

"我们想站在平民的角度来开发这个系统，"戈尔德告诉听众，"军方是从军事的角度来考虑导弹的威胁，它的目标是保护一小片区域，使其可以继续战斗。我们想打破这种思维方式，寻求保护整个城市的方法。于是要保护的半径扩大到了 10 到 15 千米，这是以前从未有过的。我们想要的系统能够切切实实地拦截导弹,而不是像有些系统那样,让导弹偏移到其他地方。为了节约成本,系统需要分辨哪些导弹不会爆炸或者只会击中无人区,从而不对其使用拦截导弹。"

传统的导弹防御知识是不支持"铁穹"计划的设想的,戈尔德也因拒绝使用激光偏转导弹而受到了批评。这种激光偏转系统占地面积巨大,需要一个足球场大小的区域来运作。要想拦截火箭,还需要依靠"瞄准线",这意味着整个系统只能在天气晴朗的情况下运行。戈尔德认为这是没法接受的,应该有比它更好的方法。

在没有获得官方批准的情况下,戈尔德和他的团队开始与一家防务技术公司 Rafael 合作。"我告诉 Rafael 不用担心,我们会获得政府资金的。这个过程花了两年,到 2007 年的时候,我们获得了政府的财政拨款。我们原本指望美国也提供一些资金支持,没想到在 2008 年,美国的团队认为这项计划不可行。"戈尔德坚信计划是可行的。他解释说:"政府和军队光是思考行动方向,就要花很长时间,有这个时间,我们早就开始思考解决办法了。"

2009 年,以色列国家审计长发布了一份报告,严厉批评了戈尔德和他所在的武器和技术基础设施发展管理局的违规行为。报告称,戈尔德"在 2005 年 8 月决定开发铁穹系统时违反了国防部的规定,因为当时以色列国防军参谋长、国防部长和以色列政府尚无权授权该项目"。

针对这个批评,戈尔德说:"我相信我做的没错。的确,我没有等待可能需要几年的官僚流程,但我利用我在武器和技术基础设施发展管理局的职权,做了我应该做的事情——着手去干。"

就在美国否定该项目一年后,"铁穹"计划开始显示出巨大的成果。2009 年,美国团队再次访问时,看到了拦截的效果,决定改变立场，支持该项目。资金终于批了下来。

到2011年，一切就都水到渠成了。此后，铁穹系统拦截了数千枚火箭。2012年，戈尔德博士获得了以色列国防奖，获奖原因正是三年前他受到批评的原因。

一旦你了解过一次性塑料对地球和海洋的危害，你就很难再将它抛至脑后。然而，每次去超市，尽管你极力避免使用塑料包装，但你可能没有第二个选择，因为大多数商业产品都是塑封的。

2018年1月，欧盟委员会副主席弗兰斯·蒂默曼斯（Frans Timmermans）向媒体表示，一次性塑料"生产出来只需要5秒钟，使用也不过5分钟，却需要500年才能降解"。他补充道："50年后，地球上的塑料垃圾将比海洋鱼类还多。如果我们坐视不管，人类将被塑料反噬。"

达芙娜·尼森鲍姆（Daphna Nissenbaum）是TIPA公司首席执行官兼联合创始人，该公司旨在提供完全可堆肥的软包装。具体来说，就是创造一种像有机材料一样的包装，使用后可以安全降解。

TIPA研发中心于2012年设立。尼森鲍姆说："我一直想要创业。我听说成功人士在取得成功之前，平均要失败11次。我也读到过，创业的想法就在你眼皮底下，就看你能不能注意得到。"

尼森鲍姆是在给孩子准备上学的午餐时想到这个主意的。"我和孩子就他们带到学校的水瓶发生了争执，我总是问他们昨天的水瓶呢，因为他们总不带回来。我怀疑他们每天都把水瓶扔进了垃圾桶。我不理解大家为什么这么浪费。有一天，我跑步的时候，心想，一定有更好的方法来避免使用有害塑料。我首先想到的是苹果。我们吃掉一个苹果，扔掉它的核，它又变成了大自然的一部分，毫无污染。我们应该创造出像苹果核一样可以在土壤中分解的材料。"

尼森鲍姆是一名软件工程师，当时正在管理一个学术研究中心。

她对塑料并不了解。她说："我还是知道一些的。我知道塑料水瓶是由一种叫作 PLA 的生物塑料材料制成的，这种材料提取自玉米。我还知道有的超市提供生物降解塑料袋。我想，为什么我不能发明一种可堆肥的水瓶，拿着它到学校或者跑步，喝完就直接扔掉呢？"尼森鲍姆发现，当时市场上存在的可堆肥材料有限，而且不适合包装。适合包装的材料必须足够耐用，能够撑得过食品的保质期，经得住供应链的运输。于是尼森鲍姆着手创办了一家提供可堆肥包装方案的公司。

尼森鲍姆与塔尔·纽曼（Tal Neuman）共同创立了这家公司。"我们聘请了一些设计师为包装制作模型，又请了两位生物塑料领域的专家寻找能做可堆肥包装的材料。6 个月后，模型制作完成，生物塑料专家却告诉我们，我们要找的材料并不存在，他们建议我们将项目搁置几年，等技术成熟时再重新启动。"然而，他们没有考虑放弃。"既然有玉米提取物做的水瓶，又有可堆肥的袋子，为什么不能将两者结合起来，找到可堆肥包装的方案呢？"

尼森鲍姆与纽曼继续投入这项事业。他们获得了一位塑料研究所研究人员的帮助，也从天使投资人那里筹集了初始资金。2012 年，他们的公司在以色列金融出版物 *Calcalist* 举办的清洁技术创业竞赛中获得了第一名。尼森鲍姆回忆道："这是一个巨大的进步。我们决定全职聘请那位研究员，并开始注册专利。" 2013 年，该公司从 Greensoil 获得了 A 系列专利。

然而，塑料行业依然认为 TIPA 的想法是天方夜谭。尼森鲍姆解释说："塑料行业的每个人都会告诉你，可堆肥包装不可行，强度不够，使用期短，不够透明，气味难闻，不适合用在包装上。我们更大、更强的公司也做过这样的尝试，但都失败了。"

然而，尼森鲍姆和纽曼坚持了下来，并逐渐把他们的理念发展成熟。"我们发现,硬包装可以部分回收,而大多数软包装不能。因此,我们决定将注意力放在目前最紧迫的问题上,为软包装行业提供可堆肥技术。我们的想法是,用现有的可堆肥材料制造一种透明的高强度食品外包装。我们知道这个目标并不容易实现,但是值得一试。想想你在超市里看到的那些软包装,都无法回收,更别说降解了。想想你买的那些零食,因为它的包装是由多种材料聚合而成,所以没有办法进入回收流程。这样一来,每年就有约1000亿美元的包装市场,而且还在不断扩大,而其中只有5%的材料能够回收,剩下的只能焚烧、填埋或者倾入海中,没法真正回归大自然。我们需要面对这个问题,不能任由这些塑料泛滥。"

尼森鲍姆说:"我不得不接受这样一个事实——这个问题比我预想的要严重得多。我不了解市场,难免有些异想天开。听到大家的质疑之后,我决定向他们证明我的方法是可行的。不管遇到了什么困难,我都坚信,既然做了,就要坚持下去。获得的投资也向前推了我们一把。我下定决心,要见证这个项目的前进。就像一条充满了阻碍的道路,你只能看到眼前的这一个障碍,不知道后面还有多少障碍等着你,几乎每天都能遇到新的障碍。而我应对这些障碍的方法就是想一想前面我们克服过的更困难的障碍,鼓舞自己继续前进。慢慢地,我们有了第一代产品,然后在此基础上,开始试验第二代产品。"

如今,TIPA公司的可堆肥包装端到端解决方案已经遍布欧洲、澳大利亚和美国。

第三节
虎刺怕的第二条规则
—— 要么占领市场，要么创造一个新市场

人皆知我所以胜之形，而莫知我所以制胜之形。

——《孙子兵法》

对创业公司来说，挑战现有格局有两条路：要么提供一种更好的方法，要么找到一个全新的方法。不管选哪一种，初创企业想要成功，都要以引领市场为最终目标。

2003 年，JVP 在商业智能领域发现了一个缺口，当时该领域是被 Business Objects 和 Cognos 两家公司主宰的。

商业智能能够通过分析企业的原始数据提供一些决策依据，但当时，整个程序运行起来非常复杂，耗资数百万美元，耗时更是长达数年。咨询顾问辛苦得出的各项成果——业务分析、报表、决策建议等，也只有高层管理人员才能看到。中层干部、部门主管这些真正接触到日常工作和业务的人却无法从中获得准确的信息。

为什么会出现这种情况呢？因为信息就是权力，而掌握权力的人是不愿分享这些信息的。当然，还有其他原因。比如，实施商业智能解决方案的成本较高，企业不同部门间协调难度大，报告无法运行、IT 部门关注不够等。JVP 从中看到了机会，并试图找到一个强有力的方案来解决这些问题。在与某以色列太空公司接洽并进行竞争分析时，JVP 发现了一家位于瑞典南部的公司 Qlik

Technologies。Qlik Technologies 以全新的视角撼动了商业智能领域的整体逻辑。它认为,商业智能应该更简单、成本更低,惠及更多的人和公司。Qlik Technologies 的创始人相信,分析数据的工具应该属于所有需要数据的人。

当时,Qlik Technologies 还只是一家小型的地方公司,主要围绕其核心搜索引擎提供专业服务,客户为距离总部 4 小时车程以内的公司,大多位于斯堪的纳维亚半岛和德国北部。虽然 Qlik Technologies 在业务开发、销售和营销等方面不尽如人意,但它的技术和产品的确有值得称道的地方。

JVP 迅速展开了行动。JVP 的企业软件投资人哈伊姆·科潘(Haim Kopans)与 Qlik Technologies 的团队会面后,对该公司优异的产品印象深刻,立刻进行了投资。这是 JVP 有史以来最快的尽职调查之一。

Qlik Technologies 的故事从另一方面说明了风险资本投资对公司辐射范围和规模的影响。Qlik Technologies 虽然在产品上表现了虎刺怕的特质,但在市场化这方面却受到了较大的限制,销售一直上不去。

JVP 与 Qlik Technologies 开始合作后,为其设计一种更为广泛的业务拓展战略,帮助 Qlik Technologies 从一个地方性的公司发展为全球行业的领军者。由于 JVP 投资的公司都来自于地方性的市场,所以它知道如何为这些公司制订一套走向全球市场的策略。JVP 为 Qlik Technologies 找了一家美国的合伙人。Qlik Technologies 将总部迁往美国,开始了扩张之路。

接下来的就是轰动一时的旧闻了。2010 年 7 月,在 JVP 创始人埃雷尔·马加里特(Erel Margalit)的见证下,Qlik Technologies 进行了首次公开募股,首日收盘估值接近 7.5 亿美元。JVP 持续看好 Qlik Technologies，继续在其董事会任职，提供战略指导，不断发掘它的潜力。在随后的两年中，埃雷尔·马加里特与 Qlik Technologies 管理层密切合作，将其价值最大化，直到 JVP 出售其全部职位，这在业内被称为"本垒打"。

罗森加滕说，打破规则的虎刺怕往往伴随着对新市场的占领。罗森加滕讲述了他与 Saifun 合作的故事。Saifun 是一家闪存创业公司，成立于 1996 年，2005 年在纳斯达克上市。罗森加滕原本考虑加入另一家创业公司担任首席执行官，"但那时我遇到了 Saifun 的创始人博阿斯·艾坦博士（Dr. Boaz Eitan），那是他已经是闪存界的重要人物。我听了他的想法。这项技术是革命性的，它使内存增加了 4 倍，成本则从 1.5 美元降低到了 10 美分。他说，加入我们吧，我们一起筹集资金，把公司做大。随后他问我认不认识西门子的人，因为一会儿他要见他们。"西门子有世界上最好的节能技术，也是电力、运输和医疗系统的领先供应商。

罗森加滕和艾坦博士一起见了西门子的人。西门子的人问他，这项技术的许可费是多少。罗森加滕后来回忆道："我和艾坦博士还没讨论过这个问题。当时，10 万美元已经挺多了。可是艾坦博士问我许可费多少钱的时候，我张口就说了 1000 万美元，也算是虎刺怕了。"

"后来我听见有人问艾坦博士为什么带我去见西门子，我开的价太高了，简直是异想天开。艾坦博士说，你错了，不是许可费 1000 万美元，而是每个模块、每代技术 1000 万美元。我想，这才是虎刺怕。"

罗森加滕说，新一代的半导体许可协议就这样签订了。"你可以说我们的定价很疯狂，但后来再看，这是我们给过的最低价格。我们开创许可经营的新法则，它也成为我们坚信不疑的一项业务。

因为我们了解这项许可服务的价值,它能让客户以极低的价格获得更大的内存。"

当时这项技术尚处于起步阶段,几年后才实现了它最初的承诺。"许可制的经营模式本身就是一次虎刺怕的尝试,"罗森加滕说,"你卖技术的时候,技术尚未成熟;你拿着别人的钱,发展的却是自己的技术。商业模式完全颠倒过来了,但它是可行的,只要我们敢于去做。"

第四节

虎刺怕的第三条规则
——预判市场需求

预判不易,预判未来尤难。

——丹麦谚语

《传道书》中说:"太阳底下无新事。"还有一句类似的话,人们以为是美国专利商标局局长查尔斯·杜尔(Charles H. Duell)说的(其实不是):"一切能发明的东西都被发明了。"

而虎刺怕的创业者们眼中的情况则恰恰相反。他们相信总会有更好的解决方案,总会有新的需求产生,总会有变化,总会有创新。对一个真正的企业家来说,世界充满了各种可能。

企业家既是未来主义者,又是先知。他们不断预见"太阳下的新事";他们能看见市场、行业、技术、消费者需求和企业的发展方向;他们提出假设并且坚信能够实现。

这种对未来的预判不是基于幻想,而是基于对未来设备和芯片成本、宽带的使用及连接效率、消费者行为和偏好、未来企业工作方式的冷静评估。

Navajo 是一家由 JVP 媒体实验室合伙人科潘发现的公司。Navajo 公司成立的时候,传统上认为大型企业为安全计,应避免使用云技术,而且也没有方案能确保云技术的安全。Navajo 却不这么想。两年后,企业开始将数据移动到公共云,而 Navajo 的安全措施也很到位。在为 Navajo 提供了两年的资金支持后，salesforce.com 收购了该公司。云网络安全这一市场预计将持续增长，到 2022 年将达到 130 亿美元。可见 Navajo 能够预见未来，成为该市场的先驱之一。

马克·加兹特（Mark Gazit）是 ThetaRay 的首席执行官，ThetaRay 是一家基于人工智能的大数据分析公司，帮助金融机构推动对恐怖主义融资、人口贩卖、毒品走私、洗钱等违法犯罪行为的监测。它的直觉 AI 技术复制了人类直觉的强大决策能力，能发现银行面临的未知威胁。ThetaRay 可以发现银行尚未意识到的恶意行为。加兹特有丰富的创业经历，也长期担任过高管，其中包括 Group 的首席执行官和 SkyVision 的总裁。SkyVision 开始只是一家小小的创业公司，后来发展成为业务遍及三大洲 50 多个国家的全球化电信公司。2013 年，加兹特从 Nice Cyber & Intelligence Solutions 卸任总经理，该公司为全球的政府机构提供信息情报和网络技术的软硬件解决方案。卸任后，他立即开始寻找下一个挑战。

加兹特说："我知道，未来的关键不在于收集更多的数据，而在于从海量的数据中寻找有用的信息。我有一种预感，大数据分析，特别是预防网络安全攻击方面，将成为未来的趋势。我知道如何将创意转化为业务，于是开始寻找能提供这类技术支持的公司。"

JVP 对网络安全投资的关注持续增加，并将网络维度添加到其实验室孵化器中。JVP 将加兹特介绍给了两位教授，罗纳德·科伊夫曼（Ronald Coifman）和阿米尔·阿弗布赫（Amir Averbuch），他们开发出了一种能够检测数据中"未知的未知数"的算法。这一说法听起来很奇怪，在不知道是否存在异常数据的情况下去寻找异常数据，与其说像在干草垛里找一根针，不如说是弄明白究竟哪一个是针。加兹特同 JVP 一道，检验了两位教授的研究。阿弗布赫是世界著名的专家，研究领域包括应用和计算谐波分析、大数据处理和分析、小波、信号/图像处理和科学计算。他曾是纽约 IBM TJ 沃森研究中心的研究员、耶鲁大学的老师、世界顶尖数学家。他被克林顿总统授予国家科学奖章，是 DARPA 顾问委员会委员、国家科学院成员。

加兹特继续说道："这家公司是怎么建立起来的呢？以发现你并不知道的东西为核心技术，听起来像科幻小说一样。当时，人们告诉我这个算法听起来很棒，但他们没法判断它是否有效。我也不确定这个算法能不能行得通。JVP 告诉我，他们支持我；如果算法行不通，我们就一起去寻找一个能实现的 IP。好在这个算法成功了。很快我们就发现这项技术可以阻止 Stuxnet 之类的计算机蠕虫对关键基础设施的攻击。"

Stuxnet 会攻击用于调节工业机械和管道等关键基础设施的可编程逻辑控制器。在伊朗核电站，可编程逻辑控制器还用于对铀浓缩的离心机进行编程。2010 年，伊朗南塔兹核设施受 Stuxnet 攻击，导致离心机因旋转速度过快而被摧毁。Stuxnet 还入侵了南塔兹的指挥和控制系统，使之忽略掉了这一漏洞，就像在电影《碟中谍》中，把照片放在监控前蒙混过关一样。

加兹特说："Stuxnet 攻击给我们上了一课。我们开始意识到，即便我们有能力发现某些攻击，但当我们知道要找的攻击是什么样子的时候，就已经迟了。这就是未知的未知。目前的大多数系统，不管是操作系统、金融系统，还是工业系统，在这样的攻击面前都不堪一击。如果对基础设施系统进行建模，去分辨它的常规操作和非常规操作，会耗费大量的时间，而且极易有所遗漏。与其这样，不如直接把数据导入 TheteRay 来发现异常情况。"

ThetaRay 是如何发挥魔力的呢？核心技术就在于使用无规则

（或无上下文）分析，也就是说，它的算法包含数千个参数，能够无视事件的性质（也就是所谓的无规则），绘制出不同维度上事件的发生频率。例如，它可以在一家银行的电梯非正常关闭的那一天，识别出该银行计算机系统中的活动峰值，同时保持较低的误报率。通过这种方式，ThetaRay 可以检测出传统系统和网络监测无法检测到的异常。

  ThetaRay 公司成立后不久，全球最大的可编程逻辑控制器公司通用电气（General Electric）对其进行了战略投资。一夜之间，发现未知的未知成为主流。异常检测市场急剧增长，预计将从 2017 年的 20.8 亿美元增长到 2022 年的 44.5 亿美元。ThetaRay 和 Navajo 一样，运用虎刺怕去展望未来，在市场还未成熟时就抢占了先机。

第五节
虎刺怕的第四条规则
—— 相信市场需要你

人们不知道他们想要什么，直到你把产品放在他面前。
我们的任务就是读出那些还没写在纸上的东西。

——史蒂夫·乔布斯

埃亚尔·古拉（Eyal Gura）是以色列企业家，投资过许多企业。他是 Pitango 风投基金的投资人，做过天使投资，曾任以色列互联网数据中心的董事会成员，也在互联网数据中心的赛尔企业家项目（Zell Entrepreneurship Program）中教授过企业精神，还被世界经济论坛评为全球年轻领袖。今天，他是斑马医疗影像（Zebra Medical Imaging）的联合创始人、主席和总裁，该公司获得了技术领域投资之王维诺德·科斯拉（Vinod Khosla）、以色列医疗技术与生命科学投资基金 aMoon、美国强生、耶路撒冷股权众筹公司 OurCrowd 和客户关系管理软件服务提供商 Salesforce 联合创始人兼首席执行官马克·贝尼奥夫（Mark Benioff）、山间医疗（InterMountain Healthcare）、Aurum Ventures 等的投资。斑马医疗影像成立的背景，是全球人口老龄化和新兴市场中产阶级的迅速增长，使得医疗影像服务的需求远远超过了放射科医生的数量。为了解决这个问题，斑马医疗影像开发出一套算法，使计算机读取医疗影像，且准确性比人类还高。通过这套算法，计算机能过帮助医疗机构分析数以百万计的影像，从而了解患者的风险状况，检测和预测疾病，并协助建立和管理预防保健计划。

2016年，斑马医疗影像推出了两种新算法，帮助预测和预防心脏病等心血管疾病。同年晚些时候，斑马医疗影像和以色列大众健康服务机构（Clalit Health Services）引入骨质疏松症检测算法，该算法仅通过CT扫描即可计算骨密度，无须辐射或其他程序。2018—2019年，斑马医疗影像有3个产品获得了美国食品药品监督管理局的检验，并与印度最大的医疗服务提供商签署了一项部署其产品的协议。可以说，斑马医疗影像正缓慢而稳步地改变医疗放射界的局面。

你知道在未经许可的情况下使用图片可能会使你遇到严重的麻烦吗？许多小型网站都是在收到通知其侵权的邮件后，才意识到这一点的。

PicScout是古拉投资过的一家公司，它的设想是将拥有版权的图片进行编目，然后在互联网上检索是否存在侵权行为。古拉说："我们原打算从风投基金那里筹资，但基金负责人说市场太小，拒绝了。他们说的没错，于是我们干脆自己办了一家公司。"这么做的原因是想先把技术做起来，然后再来证明它的价值。或者用古拉的话说："从维权成功的客户那里获得资金，聘请有互联网侵权经验的律师，把这个事情做下去。"

古拉说，计划一开始进展得很顺利。"我们已经在以色列证明，非法使用属于代理机构的图片的行为是可以追踪到的，证明其侵权后，就能获得赔偿。于是，我们与世界上最大的图片代理机构联系，比如Corbis和Getty Images，试图将这两家机构发展为我们的客户。"PicScout的服务器能帮助图片代理机构扫描网页，找到被剽窃的图片，要求其删除，并获得惩罚性赔偿。PicScout很想签下自己的第一批国际客户。然而 Getty Images 的负责人却坚称，他们不需要这项服务。

古拉说："他们找了一堆理由，说他们已经向大公司授权，大公司不会剽窃他们的图片。但其实我们都知道，他们的图片存在非法使用的情况。大概就是有公司，明知道有些事情该做，做了对公司好，却选择视而不见。Getty Images 就是这样。"

古拉笑着解释说，他仍在和 Getty Images 的人接洽。"如果这个人拒绝了，我就再找一个人，再见一次面，再谈一次。"坚持了一段时间之后，古拉和 PicScout 联合创始人奥菲尔·古特松（Ofir Gutelzon）开始意识到一个令人不安的事实：他们建立的服务虽然有用，但市场却极难打开。

经过一年多失败的尝试，他们想到了一个主意。"不如去找将图片授权给 Getty Images 的摄影师，这是我们一直忽略的一个点。"古拉说。他们可以将该摄影师的图片在互联网上的使用情况与摄影师收到的版税进行对比，如果版税收入过低，那么就意味着图片存在大量侵权使用的情况。"我们和大概 100 位摄影师取得了联系，检索了他们的 1 万张图片，发现了大量侵权行为。我们终于可以向 Getty Images 证明侵权的严重性和由此带来而损失了。"

然后，他们采取了一种非常大胆的方式来获得 Getty Images 的注意——这是一次虎刺怕精神的公开演练。计算机安全公司为了获得客户，有时会在其计算机中植入病毒，然后再去杀毒。PicScout 做了一件类似的事。

PicScout 发布了一则新闻，称 Getty Images 的图片被侵权量 4 倍于市场上的其他图片代理商。"很容易得出这个结论，因为他们的体量是其他代理商的 4 倍。"古拉笑着说。不过这则新闻达到了预期的效果。Getty Images 的管理层不得不向大众回应他们是如何处理侵权问题的。

古拉说:"我们收到了 Getty Images 首席执行官乔纳森·克莱恩(Jonathan Klein)发来的一封的电子邮件,措辞非常愤怒。邮件里批评了以色列激进的行为方式。于是我们送了他一大篮水果,后来我们就成了朋友。前些年,我带了一群年轻企业家去见 Klein。他跟我们说,我们的把戏没有奏效,因为他们想找大一些的公司合作。"

2011 年,Getty Images 收购了 Picscout,将其改编为研发中心,并将图像处理和 AI 创新纳入了它的业务范围。

1997 年,克莱顿·克里斯滕森(Clayton Christensen)出版了一本书《创新者的困境》(*The Innovator's Dilemma*)。书中指出,大公司过于关注其优质客户当前的需求,疏于开创新的业务模式或技术,忽略了客户未来的需求或者客户自己也不清楚的需求。因此,他们失去了由那些需求未被满足的客户构成的更大的市场。这样的大公司很容易被小型创业公司攻破,而保持活力的最佳办法则是坚持创新、自我迭代。

就资金和人力来说,大公司是完全有能力进行大规模创新的。但大公司很少这么做,因此往往让创业公司分到一杯羹。

出现这种问题的原因,不能简单地归结为目光短浅。大公司要对市场负责,它们每个季度的业绩都被盯着,每一步都得做到持续稳定增长。因此,它们不能想到什么就贸然去做,要权衡利弊,合理分配资源。此外,创新对它们来说的吸引力也不大,因为创新可能意味着与自己的现有产品竞争。所以,下次当你听说创业公司变革了一个产业,你要知道,这并不意味着行业里的领头大公司愚蠢而短视。

从大公司的角度来看,创业公司扮演的未必是竞争对手的角色；创业公司也有可能成为领头羊，带领大公司一起迎来变革。对那些改变了行业格局的创业公司，大公司通常会进行收购，作为风险管理的手段，同时也能打破自身尾大难掉的困境。对创业公司来说，了解同行业大公司的战略至关重要，要弄明白大公司的关注点及关注的原因，搞清楚大公司会选择内部开发哪些业务，哪些更有可能通过合作或收购来实现。

在过去几年中，跨国公司已经开始通过风投机构或其他方式投资创业公司。英特尔、高通、微软、谷歌、Facebook、阿里巴巴、思科、可口可乐、宝洁、EMC等公司都在积极与加速器、孵化器和风投机构合作，以便尽早接触到创新前沿。一些公司，如思科，已经成功地将收购发展为产品开发和增长的一种形式。当然，这一战略也存在风险。收购可能失败，使待收购的公司落入竞争对手囊中；即便收购成功，如何将其整合进大公司的体系也是一项重大的挑战。

金融业正在经历一场大规模创新浪潮，这就是金融科技（Fintech）。比特币等数字加密货币在一些国家逐渐合法、电子钱包陆续推出、对股票交易的限制也越来越少……从贷款到付款，创业公司正在改变整个金融体系。Prosper（之前叫Billguard）使用众包来检测欺诈性收费，Creditkarma提供线上贷款，Behalf（之前叫Zazma）通过为小微企业支付费用为其提供资金。银行和其他金融机构没有能力或没有意愿在这些方面进行创新，因为它们是受到高度监管的保守企业。许多人喜欢关注活跃在各领域的创业公司，看它们如何成长、演变，然后收购表现最好的那一家。

创业公司走向全球用的也是同样的逻辑。Groupon在美国取得初步成功后，世界各地都冒出了类似的企业。Groupon在走向国际的过程中收购了许多这样的公司。直接收购各地最优秀的竞争对手，省得每到一处都得重新打开市场——这样算是骗取商业模式，还是

第一章　虎刺怕的六条规则

进入市场的绝妙策略呢？

　由此我们可以得出结论，市场需要虎刺怕。所有的市场都需要虎刺怕，即便在文化中以权威和传统为重的市场也不例外。因此，那些有胆量开发新市场、占领新市场的创业公司就能被收购，不管它的姿态是不露声色还是大张旗鼓。

第六节
虎刺怕的第五条规则
——打破规则

像专家那样研究规则，像艺术家那样打破规则。

——谚语

虎刺怕就是要打破规则。以往觉得好的，可以打破；以往觉得非如此不可的，也可以推倒重来。比如，商业中一条不明说的规则是，没有免费的午餐。而创业公司早就把这项规则推翻无数次了，创业公司经常宣称以前价值多少的东西现在是免费的。世界上最大的社区交通导航应用程序 Waze 就是这样。Waze 创立于 2008 年，2013 年 6 月被谷歌以 11.5 亿美元的价格收购。在以色列，估值超过 10 亿美元的创业公司不只这一家，但只有 Waze 是以客户为导向的。这一点意义重大。因为以色列投资界的传统想法是，以色列公司只能在 B2B 领域建立独角兽公司。以色列国内的市场太小、客户也不集中，无法通过直接面向消费者（B2C）来达到这一水平。

"独角兽企业"这种说法来自于 Cowboy Ventures 的艾琳·李（Aileen Lee），用来描述估值超过 10 亿美元的科技创业公司。尽管估值能超过 2 亿或 5 亿就已经很了不起了，但 10 亿似乎是投资者、消费者和媒体的心理门槛。大概只有 1% 的创业公司能成为独角兽企业。

企业家、联合创始人、Waze 前总裁尤里·莱文（Uri Levine）

讲述了 Waze 起源的故事。"创始人之一埃胡德·沙巴泰（Ehud Shabtai）得到了一个 GPS，就想给它加一个插件。因为 GPS 实际上是类似掌上飞行员（Palm Pilot）的个人数字助理（PDA）。听起来像不像远古时期的事？"有了这个插件，用户就可以共享道路上摄像头的位置，避免罚单。这个插件很成功，沙巴泰开始在各种"掌上电脑怪胎"之类的论坛上发布。"带插件的地图后来成了以色列最好的导航软件，把其他软件远远甩在了后面。"

但规则就是规则。持有并发行原始地图的公司联系了沙巴泰，告诉他，他的插件违反了该公司的软件使用许可。既然 GPS 不是白送的，需要花钱买，那么插件也不应该免费提供。沙布泰不喜欢这些规则。要想插件正常工作，就需要地图。但他既不想把插件卖给持有使用许可的人，也不想就此放弃他的插件。"他得出的结论是，他的问题在于自己没能拥有那张地图。如果地图归他持有，他就可以自由加插件，不用到市场上去找什么持有许可的商家了。于是他开始琢磨自己创建一张地图。"他的方法是跟踪用户的行动轨迹，获得一张众包来的地图。

尤里·莱文继续讲道："当时，我在一家公司担任顾问，我们公司也为手机运营商提供 GPS 软件。我正想着通过收集用户数据来了解交通状况，指导用户应该避开哪些路段。我所在的公司对这个想法不感兴趣。他们说，很难从技术层面去把握交通状况，而且这样一来，可能连每条路线的预计到达时间都算不出来。算不出准确的预计到达时间，用户就不会买账。我认为用户一定想知道哪里堵车了，哪条路的路况好，公司高层偏偏认为这不重要，他们说，早上出门的时候路况怎么样，谁还能不知道呢？"

2007 年，沙布泰和莱文见面了。"一切终于柳暗花明。没有免费的地图，我们就用用户的数据创建一个。要想获得足够多的用户，我们就要免费提供这项服务。"

"我们花了很长时间筹集资金，"莱文说，"融资的时候，投资者不喜欢我们的创意，觉得是异想天开。我讲了几个月，对这个想法非常熟悉，在我看来简直就是自然而然的事，没想到投资者那么惊讶，完全不以为然。你能想到的反对理由，他们全都提过。什么对用户没有价值啦，不会有人下载啦，我们永远触及不到大量用户啦，等等。但我完全沉醉于我们的创意，根本没把他们的话听进去。"

网络安全公司 CyberArk 也是一个关于虎刺怕的故事。2010 年年中，JVP 的共同投资者打算让 CyberArk 退出，埃雷尔·马加利特（Erel Margalit）却坚信这家公司的潜力。他环顾四周，看信心正在从内部逐渐崩塌，马加利特告诉自己 CyberArk 一定能走得更远。他说服管理层和董事会不要签下收购条款，也不要在特拉维夫上市。JVP 已经是该公司的长期投资者了，后来又将持股比例从 30% 左右提高到近 50%，买入了那些不看好 CyberArk 的投资者的股权，并请来另一家金融机构参与下一波融资。后来证明，这是 JVP 最好的决策之一。

CyberArk 的首席执行官兼联合创始人乌迪·莫卡迪（Udi Mokady）讲述了他运用虎刺怕改变规则的故事。他说："公司一开始做得很好。2013 年，我们开始考虑上市。到 2014 年 6 月，我们准备好了，以色列却爆发了战争，我们只好推迟上市时间。2014 年 9 月，公开募股窗口再次开放。银行家们打电话给我们，说有坏消息。中国零售业巨头阿里巴巴似乎也计划在这个时间上市，预计将成为有史以来全球规模最大的上市公司。银行说，阿里巴巴会把你们比下去，没人能和它同期上市。我问有没有类似的先例，银行给我们讲了一点，我、财务总监、JVP 的加迪·提罗什（Gadi Tirosh）

听完，我们抱在了一起。"

莫卡迪继续道："我们仔细思考了这件事。就能募集到的股份来说，阿里巴巴肯定是大公司，我们规模要小得多。但阿里巴巴是做电子商务的，我们从事的是网络安全。阿里巴巴在这个时期上市，对我们来说可能是一种优势，因为在这个窗口，不会有别的公司同我们竞争了。后来证明，我们的判断是正确的。路演很成功，报告厅里挤满了人。CyberArk 的股份被超额认购，成为 2014 年表现最好的技术类股票之一。"

这个故事给我们带来怎样的启示呢？莫卡迪说："要相信自己的创业直觉，不要向固有的思维屈服。"他同时强调，"上市不是努力的终点，而是一个让公司提升销量和知名度、更上一层楼的里程碑。"

谷歌月球 X 奖（GLXP）是由 X 奖基金会主办、谷歌赞助的一项奖项。奖项规定，从 2007 年到 2018 年，其间第一个能将机器人飞船发射到月球的个人团队，就能赢得 2000 万美元的大奖。最初的规则是这样的：发射太空飞船；在月球上软着陆；派出机器人，往前、往上空，或者往地表下走 500 米，同时向地球发送高清视频和静止图像。但以色列团队却秉着虎刺怕的精神改变了规则。

基尔·达马里（Khir Damari）在网络安全和太空领域创建过多家公司，是一名企业家、工程师、研究者、讲师，他称自己是"骄傲的极客"。他曾任职于以色列国防军的一个精英智能部门，后来又在本古里安大学攻读通信系统工程学士和硕士学位。2010 年，达马里和雅里·巴斯（Yariv Bash）、约纳坦·维恩特劳布（Yonatan Winetraub）一起，创建了 SpaceIL 团队。这三名年轻工程师将使以色列成为世界第七个实现绕月飞行的国家，同时也是第四个尝试在月球软着陆的国家；而 SpaceIL 也成为第一个做此尝试的非政府组织。

"巴斯是我在 Facebook 上的好友，我看他发布了一条消息，说'谁想去月球？'"就这样，三人在特拉维夫的一个酒吧见面了。"他跟我讲，他一开始只是开个玩笑，说往气象卫星上安一个摄像头，让它飞到大气层之外，然后就管它叫以色列首个太空飞船。结果人家问他，'你为什么不真这么试试呢？'然后发给他了谷歌月球 X 奖的链接。"巴斯是 2010 年 11 月中旬在 Facebook 上发布的消息，而谷歌月球 X 奖的注册截止时间是 2010 年 12 月 31 日。已经有三十来个团队注册了比赛，而且注册的时间都早很多，因为比赛的消息 2007 年就放出去了。要想注册，他们还得预存 5 万美元，并提交一份着陆计划。可距离报名结束只有 6 周了，3 个身无分文的学生，也没有什么计划，只有当时在酒吧餐巾纸上画的几张草图。实在看不出他们怎么可能报得上名。然而他们却做到了。

"我们紧赶慢赶，总算在截止日期之前提交了申请。"达马里说，"我妻子说，我们三个一定是对自己的能力非常自信，才敢参与这项挑战。其实在我们看来，根本没有那么难。我们打算做一个饮料瓶大小的飞船，重 5 公斤，预算 800 万美元，两年内搞定。我当时想的是，这个险可以冒，如果不成功，我就搬回去和父母同住。"说到这里，达马里笑了："果然是无知者无畏，我们那个时候根本不知道我们走上的是一条怎样的路。"

第一个挑战是筹集资金，时间只有 6 周。三人开始与学者、慈善家和商人会面，筹集注册所需要的资金。"其实只剩 6 周对我们来说也是件好事，我们见的那些人感觉耽误不起，就不会说什么要再考虑考虑，或者让我们再深入研究一下，再来回话。6 周的时限给人一种紧迫感，那些人听完我们的故事，就得立马拿出个决断来。大家都知道，没时间犹豫了，你几千块、我几千块，大多数都投了钱。"达马里说，等到他们筹到资金、建好公司，再汇钱过去，已经踩着点了。虽然钱是2010年12月31日汇出的，但GLXP那边可能2011年1月1日才能收到。他们赶紧联系大赛组织者，问如果能提供电汇单证明钱是按时汇出的，申请能否算数。得到肯定的答复后，他们才松了一口气。

其实他们的团队还违反了两条没有明说的规则。首先，大多数参赛团队的登月计划是以营利为目的的，而他们的不是。其次，他们打破的另一条规则与月球车在月球上的活动有关。

"在当时看来，GLXP似乎提供了一个比较合理的商业案例：预计要花800万美元，能够获得2000万美元的回报，你成为我们的赞助人，我们就可以商量回报比例。"然而，达马里说，事实根本不是这么一回事。一切都没有按设想的发展。SpaceIL确实登上了月球，而且是比赛中唯一一个登上月球的，但是它花费的时间可不是两年，而是8年多，成本也不是800万，而是将近1亿美元。"要是早知道要花这么多钱、这么长时间，我们八成打一开始就不会参加。"达马里说。

达马里团队的资金来自慈善捐款，主要目的不是营利，而是教育，这与大多数人对GLXP比赛条款的解读并不一致。达马里说，参赛的大多数公司都打算制造月球车。而他们加入得太晚了，资金也不充裕，所以只能在规则允许的范围内另辟蹊径。他们想往月球上发射一个有史以来最小、最轻的飞行器。然而，比赛要求飞行器登陆以后，还得前行500米，这就比较困难了。要弄一个机器漫游车上去吗？这样无疑会增加飞行器的重量，还得花大量的时间设计和测试。他们要做的，可是又小又轻的飞行器，越小越轻，发射的成本就越低。于是他们想，能不能让飞行器登陆月球之后，跳出500米的路程呢？这样，既满足了组委会的要求，又可以把成本控制得很低。既然不打算营利，干脆也别造什么漫游车了，直接让飞行器跳出500米远。这样难度就小得多了,只需要在规则里钻钻空子。

SpaceIL团队还进行了一些创新,包括在登陆时借助引力,节省燃料。他们不是将Beresheet(希伯来语:创世纪)飞行器直接发射到月球,而是乘着火箭、带着火药,以加速度绕地球旋转,直到飞行器能被月球的引力捕捉。这种方法与直接登陆月球相比,要经济得多。

在将SpaceIL以非营利组织运营的过程中,团队表示,他们的目标是再造一个"阿波罗效应",以激励以色列和世界各地的青少年对科学、工程、技术和数学的兴趣和创造力。以色列尽管拥有卓越的技术,但科学家和工程师却严重短缺。SpaceIL希望用比赛获得的奖金促进以色列的科学发展和科学教育,让以色列在科技领域永葆长青。带着这样的精神,团队参与了很多教育活动,见了100多万以色列学生,占全国学生总数的50%以上。他们鼓励孩子们探索SpaceIL背后的火箭科技,而不是把它当作魔法;这些活动在孩子心中种下了一颗种子,孩子们相信,也许自己将来也能将飞船送上月球。而这些教育宣传活动都是由几百名志愿者完成的。

SpaceIL团队明白,要完成教育的使命,营销和公关也很重要。"我们选择的公关公司说我们在面试、挑选公司时的姿态十分虎刺怕。那当然咯,因为我们希望这家公司能够为我们无偿服务。我们要做的是教育的营销,用营销商品的策略讲述科学故事。我们想让登月成为孩子们之间、家庭中交流的话题。"

他们做出的第一个营销决定是将登月的装置称为"宇宙飞船",而不是更为严谨的"无人探测器"。宇宙飞船是饱含想象力的,尤其是对孩子们来说。于是他们的愿景和口号就是"将以色列首个宇宙飞船带上月球"。

达马里还谈到了他们的效率。"国家地理杂志来采访我们的时候,我们团队已经有 250 多人了,而参与阿波罗登月计划的则有 40 万人。我们面临的挑战有很多。我们得让极富创造力的年轻技术人员和保守谨慎的以色列航空航天工业公司的人一起工作。他们想用的很新、很炫的技术,而我们想要控制成本和飞行器的重量。好在,我们找到了完美的折中方案。

GLXP 于 2018 年 3 月到期,但因为 5 支决赛队伍中没有一支能在最后期限前发射,所以期限往后延长了几次。2019 年 2 月 22 日,Beresheet 飞行器发射升空,2019 年 4 月 4 日进入月球轨道。原计划在 4 月 11 日通过以色列电视台播出着陆过程。但是在登陆的最后时刻,飞行器出现故障,直接撞到了月球上。比计划着陆时间早几分钟,飞行器距离月球表面 13 千米时,任务控制中心收到了飞行器发来的照片,月球表面在其身后清晰可见。最后收到的信号是飞行器距离月球表面 149 米时发来的。莫里斯·卡恩(Morris Kahn)赞助了这个项目的大部分经费,他说:"我们没有成功,但起码尝试了。"鉴于没有国家能够在第一次登月就实现软着陆(美国第 17 次才成功,俄罗斯第 23 次,中国第 3 次),SpaceIL 的表现还是不错的。虽然软着陆没有实现,但好歹登上了月球。Beresheet 的尝试赢得了大家的称赞,也获得了组委会颁发的 100 万美元"月球摄影奖",以表彰其触碰到了月球表面。

第七节

虎刺怕的第六条规则

——能展示，就不要讲述

不必告诉我月色明朗，请同我讲碎玻璃闪着光。

——契诃夫

"能展示，就不要讲述"的规则一般是对小说家讲的。对科技创业公司而言，它的意思是，没人会信你空口说的改变世界的豪言壮语，你要拿出证据来，展现你产品的实力，人们自然会相信。

接下来我要讲的，是利兰·坦克曼（Liran Tancman）创建网络安全公司 Cyactive 的故事。Cyactive 通过仿生算法，成功预判了 2008 年毒藤病毒的趋势，实现了一次概念证明，也为 Thetaray 做了一波营销。Thetaray 首席执行官马克·加兹特（Mark Gazit）是这样解释的："我们为客户提供概念证明并收取费用，并确保客户能从中立获得价值，我们称之为价值证明（POV）。我不是专业的魔术师，但我能向你展示魔术的过程。推销 Thetaray 的技术就像在推销魔术。有时候客户光提供数据，不告诉我们数据的来源，到底是财务数据呢，还是运行数据呢，都没说，就要我们去找未知的未知，我们居然也做到了。有一次，我们在一家银行的贷款组合中发现一个问题。客户花了 4 个月才弄明白确实有问题。对我们来说，能证明我们的系统是有效的，就是最好的宣传。"

证明自己的系统有效，其意义远远不止试运行成功这么简单。

如果成功靠的是网络效应，那么你不仅要证明你可以做好一个产品，还得证明用户是愿意为之买单的。前面提到的可堆肥包装公司 TIPA，不仅需要展示其发明的材料，还需要证明其包装给品牌带来的价值。

尼森鲍姆说，TIPA 的产品生产过程是公开的，他们会邀请客户进入他们的实验室，向客户讲解这种包装的特性。但这还远远不够。她的原话是："即使你的产品确实有用，也还有别的问题需要解决。你得理解整个包装产业。对消费品公司来说，包装是基本需求。如果之前的包装用得挺好，他们不会轻易去换。"

尼森鲍姆进一步解释说："所以，我们要提供的不仅仅是一层薄薄的包装材料，而是一整套关于环保的叙事，只有这样，客户才能认同 TIPA 这个品牌。TIPA 提供的是一种与时俱进的包装理想，它带来了一个由可堆肥包装替代污染环境的传统包装的世界。我相信，一个企业只有对环境负责，才会越做越大，占据更多的市场份额。我们有一个客户，是英国的一家健康零食生产商，他们第二次向我们订货时，出货量已经是头一次订货的 3 倍了。当我们询问原因时，他们说，自从使用了可堆肥包装材料，他们的客户就不断增加。曾经那些拒绝他们供货的超市，现在也已经把他们的产品摆上了货架。"

但是，TIPA 还面临其他挑战，比如如何在全球范围内进行生产，选择怎样的商业模式。尼森鲍姆说："塑料制造业是一个巨大的行业，机器很贵，而且都是 24 小时不停地转。我们呢，当时并没有那么多资金。我们的产品很新，也很小众，哪家工厂会让我们用他们的设备生产一个不知道有没有销路的产品呢？"

TIPA 没有建造自己的工厂。"我们考虑，最高效和最具可持续性的方案是用市场上已经存在的机器。客户向我们订购包装，是不需要改变原先订购包装的厂家的。我们的产品是透明的。我们打造了一个熟悉传统塑料行业的技术团队，我们可以向客户保证，我们卖的不仅仅是包装材料，而是一整套端到端的解决方案；从供应链的开始到结束，都确保具有合格的资质和证书。"

在第一章，我展示了虎刺怕思维是如何嵌入创业公司的行动和决策之中。虽然前面提到的许多企业家并没有意识到他们在管理企业过程中贯彻了虎刺怕思维，但一旦被问及这一点，他们很容易发现其中确实存在虎刺怕精神。

尽管我使用的例子大多来自以色列，但虎刺怕的规则是全世界的创业公司和企业家都可以学习和借鉴的。

第二章
初创公司行为准则

THE UNSTOPPABLE STARTUP:
MASTERING ISRAEL'S SECRET RULES OF CHUTZPAH

第一节
明确任务，用 KPI 考核

如果你正穿越地狱，就继续走下去。

——道格拉斯·布洛赫

对每个以色列人来说，成长中必不可少的一环就是服兵役。全体公民，除了极少数以外，都得在 18 岁完成高中学业之后，去军队报道。男性服役 32 个月，女性 24 个月。兵役到期后，可以选择继续留在军队，进入"长期兵役"。即便退役，很多人也会选择加入后备军，每年接受 3～6 周的训练或服役，直到 45 岁，甚至 50 岁。

服役的经历塑造了以色列人的价值观。这种对战友之情的珍惜、对团队合作的重视以及扁平化的管理风格，渗透到了他们退役后的工作场所中。完成任务，靠的是中心化的命令和去中心化的执行，换句话说，就是既要高度服从安排，又要充分发挥自己的主观能动性。这就是以色列国防军传递给年轻人的理念，这种理念也塑造了以色列的创业精神。

我参加了以色列国防军的服役，后来擢升为军官，进入了长期兵役，在正规兵役中担任了几年上尉，又在后备军中担任了 20 年少校。

以色列国防军教会我的，并不是在炮火下勇敢作战，也不是按计划执行任务。这两点固然重要，但最重要的，是无论如何也要完成任务。

即便事情没有按计划进行,你也得完成任务。通信网络故障、弹药短缺、武器故障、战友受伤、天气变化,都不能成为完不成任务的理由。既然你已经上了战场,不管你的军衔高低,你都是对战场信息掌握最及时的人,因此你有义务、有权利随机应变,哪怕不能按原计划执行任务,也要换种方法把任务完成。俗话说得好,做法可以不同,但绝不可以失败。

训练和演习也是围绕这一宗旨来设计的。演习中会有很多计划外的情况,比如缺少弹药、模拟士兵受伤、援军不到、敌军发动突击、白天进攻改为夜晚进攻、无线电故障、其他通信设施故障,等等。之所以安排这些情况就是为了锻炼指挥官随机应变的能力,让他们能够根据最新情况随时改变策略。而指挥官要想完成任务,就得头脑灵活、不畏困难,专注于完成任务,不被细枝末节牵扯精力。

有一位长期指挥以色列特种部队的上校,我们暂且称他为N少校。他是这样说的:"你刚拿到一项特殊任务的时候,感觉根本不可能完成。但特种部队的氛围就是,没有问题是解决不了的,任务必须完成。这就是典型的以色列精神。"

对以色列国防军的指挥官来说,拿起电报,报告任务失败或无法完成是不可能的。权力带来责任,他们得对结果完全负责。以色列国防军有一句名言概括得很好:"除了拿出结果,其他都是借口。"拿不出结果的话,说再多也没有用。还有一句著名的谚语是:"没有做不到,只有不想做。"做不到统统是借口,怕就怕你没有意愿去完成任务。

对创业公司来说,这种完成任务的文化也是一样的。如果时间紧急,即便没有人说,质量工程师也会主动在周末加班。客户服务团队为了让客户满意,不惜竭尽全力。N少校说:"任务高于一切,为了完成任务,要不惜一切代价,投入全部身心;不能中途放弃,不能左顾右盼。这是一种性格特征。不具备这种特征的人会逐渐被淘汰。"

N少校表示，有些时候"只有指挥官知道整体的布局，其他人只知道分配给自己的任务。即便如此，他们也明白自己的任务对以色列的国家安全举足轻重，因此会高度重视自己的任务"。对平民来说，一项任务可能上升不到国家安全的层面，但这种完成任务的意识，对处于任何阶段的创业公司来说都是非常重要的。一位优秀的企业家，即便没有在军队服役过，也一定会具备这种品质。这种以色列国防军特有的管理风格和文化，值得世界各国的创业公司学习和借鉴。

创业公司就像作战部队一样，要想生存下来，就得适应不断变化的环境。新的竞争对手、新的技术和新的商业模式不断涌现；人员变动、分销渠道和营销方式的变化，都会打乱最初的计划。正如士兵们所做的那样，创业公司也时刻关注着这些变化，积极做出响应。

✡ 任务制定要明确

当我们在谈论公司的任务时，不是指的宣传语里给出的那些宏伟愿景，而是一项项具体的目标。比如说，技术团队要与目标客户一起出行，找到目标客户关心的问题所在，并当场解决；又或者，在展会上锁定目标客户，抑或尽最大努力聘请一位销售总监。

一些创业公司自己没有弄明白当前最重要的任务是什么，反而让员工自己去想该怎么做、怎样安排手上工作的优先级。所谓任务管理，就是指公司要制定出目标、实现目标的方法和先后顺序。笼统地说"我们要造出最好的产品"，这不算任务。找到能够使你的产品成为市场上最好的产品的那个具体的点,明确这项卖点的研发、测试以及推向市场需要多长时间、多少资金,这才叫制订任务。

只要清晰定义了任务和结果,就有了明确的关键绩效指标(KPI),公司的各个层级都知道怎么做、由谁做、何时做。每个人都知道自己的任务是什么、优先级是什么,也明白与之挂钩的奖励措施(年终奖通常根据 KPI 发放)。

✡ 任务执行分步骤

在开始实际工作或者筹集资金之前,每个创业公司都应该有一个详细的运营计划。这个计划里除了"主任务",还应该包括多个"分任务",这些分任务同样也需要是明确、可衡量的。分任务需要回答下面这些问题:

1. 需要达到什么目标?
2. 何时能够达到目标?
3. 目标由谁负责实现?如何实现?
4. 由谁主管和负责?
5. 实现目标的预算是多少?

计划可以很大胆,但具体的执行步骤要现实,各种预测也需要基于对市场实际情况的把握。

所有的计划都需要有绩效考核,且考核应该涵盖公司的各个方面:产品、财务、员工、商务拓展、分销渠道、战略交易,等等。不仅每年、每季度要考核,有时候每周甚至每天都要考核。不过,创业公司也不要制定太多的考核目标,整个公司全年需要考核的目标有三五个就差不多了,然后再在此基础上去制定各部门的考核目标。

✡ 若任务没能完成

就像指挥官不想向上级汇报他没有完成任务一样，首席执行官也不想到董事会上说他没有完成绩效。绩效完不成的代价是惨重的，公司的一部分市场份额可能会被竞争对手抢去，效益不佳可能会带来裁员，公司甚至会因此倒闭。

并不是说计划的东西就一定要100%去实现。现实总会有困难、意外，要去克服、处理。对于市场上的一些变动和突发情况，公司也是无力去改变的。但不管是公司整体还是员工个人，都要尽量做到灵活应变，即便外界环境瞬息万变，也要争取完成任务。

✡ 做领导者，而非管理者

以色列国防军的口号是"跟着我！"。士兵不会仅仅因为指挥官叫他们冲锋，他们就冲锋；他们冲锋，一定是因为指挥官把恐惧抛在了一边，先于士兵冲入了战火。要想当好领导，就要自己赢得属下的信任和尊敬。只有当指挥官显示出他在危急情况下依旧头脑清醒，且敢于将自己的生死置之度外，士兵才会将自己的命交到指挥官手上。

不管是在战场还是在商场，领导力永远比管理力更重要。俗话说得好，管理者把事情做对，领导者把事情做好。做对不一定能完成任务，而做好则更容易带来成功。

✡ 军旅生涯是企业家的重要助力

Waze公司的尤里·莱文（Uri Levine）说，"虽然我自己是从情报部门退役的，但是招首席执行官的时候，我更喜欢指挥官而不是技术员。战场才是真正学东西的地方。指挥官有很好的领导力、抗压能力，而且带过兵，管理能力也不赖。这样的人执着、坚韧且忠诚。他们也许不懂商业技巧，但他们知道如何管理员工。他们也明白自己需要技术人才的帮助。在军队中，你不会介意下属比你优秀；你培养他们，就是希望你晋升之后，能有人顶替你的位置。所以说，让指挥官来领导技术员是没有问题的，他们还会帮助技术员成长。这就是一个健康的态度。"

✡ 快速决策是领导者的重要能力

莱文说："我读到的研究表明，好的首席执行官内心坚定、决策迅速。这样做的公司更容易成功。以色列最好的人力资源机构就是国防军。他们（国防军）在很短的时间内就收集到了几乎覆盖全部人口的资料，靠的就是社会测定法，问的都是些人人都能想到的问题——团队里你最喜欢谁、最不喜欢谁。倾听群众的声音，这一招非常管用。"

莱文继续说道："创业公司一直都处在战斗模式中。员工不必知晓危机都来自哪里，但首席执行官不能不知道。"

曾经有人问风险投资家本·霍洛维茨（Ben Horowitz），他担任 Opsware 公司的首席执行官时，晚上睡得怎么样。霍洛维茨说："睡得像个婴儿，每两个小时醒来哭一次。"

"但你依旧要坚持下去，晚上可以伤感，早上醒来，还得振作起来。"莱文总结道。

✡ 不该管的不要管

以色列国防军赋予了战场上指挥官很大的责任、自由度和灵活性。N少校说:"因为我们知道战场充满了不确定,所以在执行行动时,指挥官拥有高度的自由。他们知道任务是什么,即使不惜改变计划,也要完成任务,他们受到的训练就是这样。"

一场战斗不可能计划得细致入微,创业公司也是一样。这一点,董事会需要去接受。参与和协助公司成长,与公司具体的日常事务之间,有一条界线,董事会不能逾越这条界限。要想让首席执行官把事情做成,就得赋予他必要的工具、信息和权威。董事会可以帮助,但不能僭越,去插手公司的日常琐事,这样会把首席执行官由领导者降格为管理者。如果你不信任你的首席执行官,那就干脆换掉他,而不要去手把手地指导他。

✡ 塑造完成任务的思维

有人可能会说,大多数国家不是义务兵役制,即便在义务服兵制的国家,真正需要上战场操练的也很少,因此这些军旅相关的经验可能并不适用于全球其他地方的企业。在我看来,不管来自哪个地方,只要是成功的企业家,不管有没有在军队待过,都具备这种任务驱动的特点。

企业家应该培养完成任务的思维方式,包括在必要的时候随机应变,遇到问题想办法解决,即便出现意外也绝不放弃。不要担心意外。盯住你的目标,在资源、预算允许的范围内,与团队一起,集中精力把任务完成。

第二节
倾听市场声音，避免错误决策

> 船不出港固然安全，但这不是我们造船的目的。
>
> ——约翰·谢德

冰冷的统计数据显示，大多数创业公司都失败了。哈佛商学院什卡·高希（Shikhar Ghosh）的研究显示，在收到风险投资的创业公司中，75%都会失败。而在风投资本选中的公司中，6%的公司带来了60%的收益回报。

根据CB Insight的数据，创业失败的十大原因是：没有市场需求（42%）、现金耗尽（29%）、没有合适的团队（23%）、被竞争对手打败（19%）、定价/成本问题（18%）、产品的用户体验不佳（17%）、产品缺乏商业模式（17%）、营销不善（14%）、忽视客户（14%）和产品推出时机不合适（13%）。有的公司失败原因不止一项，所以上述统计的总和超过了100%。既然创业道路这么崎岖，为什么还有人想开创业公司呢？既然那么容易淹死，大家为什么还争先恐后往水里跳？明知道成功的概率那么低，为什么还要坐上这趟大起大落的过山车？似乎有些不能理解。

风投公司会同时投资多家创业公司，以降低风险。虽然一部分公司肯定会失败，但是能够活下来的那些带来的收益就可以弥补失败的公司带来的损失。而企业家则不一样，他们把自己的全部身家——时间、资金、名声、生活质量，都投入到了一家公司上。

尽管上面的数据那么"劝退",一家一家的创业公司还是开了起来,创业生态系统也建立了起来。这背后的原因一定不是理性的计算。对有才华的人来说,创办自己的公司,魅力远远大于去一家已经成熟的大公司打工。这种魅力就叫激情,或者叫非理性的激情。

✡ 爱上问题,拥抱阵痛

莱文谈起自己创办公司的原因时,情绪非常激动。"我总是自讨苦吃。有些事情,别人可能觉得没什么,但我就会很生气,我允许自己生气,并且会思考有没有改善的方法。让我生气的事情很多,有时候是堵车堵在路上,有时候是排队太久,然后我会去想解决办法。你有了想法,就要坚信它,不用在乎别人怎么说……一开始很多人都跟我说 Waze 做不成的。"

这种激情并非可有可无,而是成功的必要条件。原因首先在于,激情是可以传染的。投资者寻找有激情的企业家,有才华的人寻找可以付诸激情的事业,媒体想写的也是有关激情的故事。对潜在的客户、商业伙伴和分销渠道,激情也能产生积极的影响。激情很难定义,不过也没必要定义。当你被激情感染,你就知道何为激情了。就像电视节目《美国偶像》里,你虽然说不好什么是"明星气质",但是一眼就能看出,谁有明星气质。

激情是做不了假的。不是你挥挥手臂、抬高音量,就能伪装出对公司很有激情。激情是由内而外散发出来的,它出自你最深层的本心、最真实的自我。如果你感觉不到这种激情,那么你就应该老老实实地问问自己,是不是真的想开这么一家公司。这个创意真的能带来革命性的改变吗?你真的愿意为了这家公司,牺牲自己的时间、金钱和精力吗？

对成功退出的憧憬算不上激情。赚钱这个目标无法驱动你走过那段艰辛的路程，也不应该成为你开公司的唯一动力。退出对一家成长得不错的公司来说是一个好选择，但从根本上驱动你的，应该是那颗想要改变现状的心，想要紧跟世界的步伐、满足人们还未意识到的需求的憧憬。你真切地关心网络、媒体、企业软件、医疗设备、可再生能源、农业技术、水资源解决方案、智能城市、制药、虚拟现实、教育技术，或者你的创业公司所处的任何领域。你要感受到问题带来的痛苦，爱上用自己的公司解决问题的那种激情。

激情之所以重要，还有一个原因。如果你选择了一个相对"安全"的创意，这个创意人人都喜欢，都说不错，那么你可能并不需要激情。但是，人人都喜欢的创意很有可能是平庸的。一个真正新颖、有创造力甚至有点激进的想法，一个能够改变市场运行方式的想法，一定是高风险的，会被认为"太疯狂"或者"不可能"的。

不管你的创意听起来有多疯狂，你对它的激情和信念都会保护你不受否定和质疑的影响，成为你不断前进的动力。当然，并非所有遭到批判的想法都是革命性的，但革命性的想法一定会遭到批判。企业家的激情就是推动他们获取成功的动力。

可堆肥包装公司TIPA在取得第一次成功之前，经历了很多次的失败。尼森鲍姆说："今天我才知道，许多公司未能在技术研发和实际生产之间架起桥梁。那个让我们在2012年赢得创业竞赛的故事，花了几年时间才真正成为现实。我们4次派团队过去，还把原材料也运过去，钱花了很多，却没有一次成功。我只能跟董事会汇报，说我们找不到地方大批量生产。那段时间，我和我的团队都很煎熬。然后我们对团队进行了重组，形成了一个专项组。在专项组的努力下，终于找到了两家工厂，实现了批量化生产。我们现在已经生产了 32 批产品了。"

这个故事说明,只有放弃了才算失败;只要不放弃,都叫学习。尽管困难重重,TIPA 还是完成了它的绩效,在 2016 年让产品上架了。到 2018 年初,已经有数十种产品使用了 TIPA 的包装解决方案,触及世界各地数十万消费者。

尼森鲍姆总结了 TIPA 一路走来的一些经验,她说:"我们经历了很多失败,整个过程大起大落,可以说非常疯狂。你需要有那么一股劲儿。知道会失败,知道困难重重,但就是不放弃,告诉自己本来就不可能事事都成功。"

尼森鲍姆的故事告诉我们,虎刺怕不是万金油。你还得坚持不懈、百折不挠、不怕吃苦、甘心付出。最好还能够资金充裕,应对大大小小的颠簸。

除了这种非理性的激情,企业家还得野心勃勃,立志建立一家可以成为行业领袖的公司。没有这种野心的驱动,创业公司不可能快速发展,成为同类中的第一。好的企业家常常有一种紧迫感和竞争意识。他们不断鞭策自己跑得快点、再快点,加速成为领跑者。是否真的存在竞争对手并不重要,重要的是,他们认为,一定在某个地方,有某个人,在做类似的事情,而他们,一定要赶在这个人前面。没有这种紧迫感,你或许也能把公司做得很好,甚至也能成为市场中的前三,但你永远无法成为全球品类的领导者。

✡ 应对失败

"如果知道自己不会失败,你会为自己设定什么目标?"最先写下这个问题的,是福音派牧师罗伯特·舒勒(Robert Schuller)。对正在创业的人来说,这个问题同样值得思考。

关于不可能失败，SpaceIL 的达马里说："我一直相信，只要我想要的东西，就一定能得到。因为即便得不到，但是我努力了，我就会放下。这种放下不是失败，我从小就是这样想的。而且我的家人会一直支持我，再坏也坏不到哪里去的。"SpaceIL 曾经面临严重的资金短缺，他们发射的飞行器没能在截止日期前登月，后来也没有实现软着陆，而是撞在了月球上。"当时很不好过。我记得 2011 年有一场活动，我得和西蒙·佩雷斯（Shimon Peres，当时的以色列总统）一起给餐饮服务商付款。我们的员工也要解雇了，因为发不起工资。后来终于又收到了一笔捐款。"但达马里认为，即便登月失败，SpaceIL 的教育使命依然成功了。"我们给学校里的孩子们放了一段我们用无人机做实验的视频，而且是它被撞毁的视频。我们想传达的是，成功的路上一定会面临很多失败。飞行器撞毁之后，我听说很多家长、孩子和老师都在谈论失败，还说一定要再接再厉。我想这是很有教育意义的。"

失败最简单的定义是"没有成功"。但是，要想知道你的公司到底算不不算失败，你得先明白它成功的指标是什么，是达到收支平衡？实现盈利？能分配股权？占领了市场份额？还是被大公司收购？抑或是在纳斯达克上市？公司的创始人、董事会、投资人和股东可能会有不同的指标，每家公司对成功的定义也不尽相同；随着时机和市场的变化，对成功的界定也需要改变。因此，所谓失败，很可能是主观、相对的。公司运营方面的失败都是可以修正和克服的，比如产品出现问题、员工没有招对、商业计划没能实施、预算没有达成，或者是你给自己设定的其他考核指标没有完成，等等。只有一个失败是客观的失败：公司开不下去了，只能关门。

✡ 创业，就一定会有失败

莱文说："创业，就一定会有失败。失败了不要紧，关键是要尽快从失败中爬起来。如果经营公司总是担心失败，那么一定会破产的。不怕失败的人，会一次次尝试，直到成功，或者资金耗尽。请务必尽最大努力去面对问题、面对失败、面对挑战。失败了，就赶紧再站起来。不停试，直到试成，或者试无可试。记得问问自己，你想要解决的那个问题是否依然存在，如果答案是肯定的，那就振作起来，再战一次。"

创业失败的原因根本数不清，很多问题可能是公司无法控制的。比如市场风向改变、路线更佳的竞争者出现、改变市场的新技术、错误的分销渠道、客户需求的变化，或者监管和关税的调整。还有可能是产品缺乏与市场的契合度，或者最初关于世界发展方向的预测就出现了错误。还有一些因素可能是公司可以控制的，但要做好依旧不容易，比如雇合适的人，在必要时对产品进行调整，与相关公司建立合作伙伴关系，制订正确的业务方向和定价模型，制订合适的上市策略，不要过早烧掉公司太多现金，或者最简单的一条，不要过早放弃。

话说回来，当我们真正去分析创业公司失败的原因时，发现主要原因有两个：第一，就是创业公司对市场的关注不够，没有注意到市场的各种信号。我们说"公司"的关注不够，指的是它的管理层、董事会、员工、顾问等公司里的所有人。所谓对"市场"的关注，不是指投资者在说什么，或者公司目标客户以外的人在说什么。市场，指的是公司的目标客户、目标用户、可能的合作伙伴和分销渠道，以及同行业的其他公司。公司董事会里可能有一群聪明人，公司的经营团队可能也非常敏锐，公司的投资者可能经验丰富，但这些声音都不能盖过市场的声音。你产品的好坏、解决方案的优劣、定价策略的效果、销售周期的设置,都只有市场能告诉你。也只有市场能告诉你,你最初的设想是否正确,有没有需要更新、改进或调整的地方。忽视这些信号,就是忽视现实。市场瞬息万变,创业公司也需要及时调整,使其产品适应市场的需求。就像莱昂·梅金森(Leon Megginson)对达尔文《物种起源》的概括一样:"不是强者生存,也不是智者生存,而是适者生存。"

很多人可能会猜测,第二个原因一定是"人",是团队不契合,或者管理者太自大。这只猜对了一半。其实这些因素对成功与否的影响很小,影响更大的是首席执行官和管理层能不能痛下决心,尤其是能不能早早下定决心,把不合适的人请出团队。所以第二个失败的原因其实是:对团队用人的错误决策。

✡ 失败的是事,不是人

风险投资,既然这么叫,就一定是有风险的。风险就在于,大多数创业公司都会失败。

尽管公司创始人、董事会、投资人、员工都有可能犯下致命错误,但健康的高科技生态系统不会把错误归咎于个人,而是把它看作一件事。这之中的区别很重要,因为它会影响人们创办公司的动机。如果公司倒闭,企业家就得被当作失败者,那么他们可能从一开始就不会去尝试开公司,而是去找个稳定点的工作。另外,如果他们知道不管结果怎么样,周围的环境都是支持的,那么他们可能就更愿意去承担这个风险。所谓环境,既包括生活中的亲朋好友,也包括生意场上的投资者、客户、员工等。很多投资者都不会拒绝失败过的企业家,因为他们知道,失败过的企业家比初次创业的企业家更有经验，也积累了一些惨痛的教训。

莱文说："我创办过一家公司，叫 Refundit，为在欧洲的非欧盟游客办理增值税退税。在 95% 的情况下，人们在海外购买的商品无法获得增值税退税。国家原本是希望游客因为增值税可以退税而多消费，但实际的退税效率却很低。两年前还没有 Refundit 的时候，我就想解决这个问题，但是不成功。于是现在我决定再试一次。企业家第二次创业的时候，成功的概率是头一次创业的 5 倍。经验的力量就是这么强大。我不怕失败，只要学到东西就行。"

他总结道："企业家一定要有抗压能力，你的投资者最好也有抗压能力。2010 年，Waze 的钱快花光了。刚好谷歌那个时候也发布了一个导航功能，我们的投资者准备认输。其他风险投资公司表示，它们压根不会考虑投资我们。但我们没有放弃。为什么？因为问题依旧存在，值得解决，而且我们的团队非常出色。许多创业公司都花到只剩最后一分钱，后来依然峰回路转，迎来了成功。Waze 的技术是很好的，但仅仅如此还不够。更重要的是，这两年来的每一次失败，都被我们写入了代码之中，使我们的算法变得非常强大。"

种种研究表明，创业者第二次创业的成功率远高于第一次创业。这里面的道理很简单，因为企业家会从前一次的经历中汲取经验。不管是公司的架构、人员的招聘，还是任务的排序、技术的开发，抑或是市场的开拓、资金的管理，他们都更有经验。他们褪去了天真，对创业公司会经历的种种变化都更加清楚，也能从过去的失败中获取教训。所以，尽管没人喜欢失败，但失败对未来的创业来说未必是件坏事。相反，如果一个人失败后，决定重整旗鼓，再战一次，那么他成功的概率会大大增加。

我曾经在攀岩墙附近看到过一个标语，不如把它当作这一节的结语："从失败中吸取经验，在成功中运用经验。"

第三节
做好国际化的准备

心有多大,成就才能有多大。

——克劳德·布里斯托尔

为什么科技创业公司要以成为跨国公司为目标?跨国公司与早期创业公司相比,完全是两种不同的东西。跨国公司就像是身材魁梧的伐木工人,比如雀巢这样的食品公司,力拓这样的矿业集团,或者思科、微软这样的科技巨头。这些公司是在经历了长期的持续增长后,才开始在国外运营;它们是先把体量做大,然后再成为世界公民。

然而,我认为,创业公司应该从一开始就培养出跨国公司的心态。创业公司的体量不大,要培养这样的心态,可以说是一种虎刺怕之举,但这正是成功的一项基本要素,尤其是对不在美国的创业公司而言。以色列的创业公司之所以能成功,很多都是凭借了这种心态。

所谓跨国公司的心态,就是只有研发和管理需要立足于本地,其他环节都要着眼于世界。而且随着创业公司的发展,研发和管理也有可能产生变动。

- 产品供应以全球市场为准,满足全球需要。
- 进入市场时不要只考虑本国市场,而要考虑更大的范围。(尽管有些国家的国内市场就已经很大了,如英国、德国、巴西或俄罗斯等。）

- 创业公司的运营也应该是跨国的。团队应经常前往各地市场，不论路途远近；销售和商务拓展的重要岗位应更多地考虑来自目标市场的人选，甚至可以把管理团队，乃至整个公司都搬到目标市场去。Waze 就是这么做的，公司留在以色列，把首席执行官诺姆·巴丁（Noam Bardin）调到硅谷。

✡ 尽早国际化的优势

UpWest 成立于 2012 年，是一家总部位于硅谷的种子基金，旨在弥合早期创业公司与美国市场之间的地理和准入差距。它由以色列侨民吉尔·本·阿尔茨（Gil Ben-Artzy）、舒利·加利利（Shuly Galili）和利隆·佩特鲁什卡（Liron Petrushka）创建。UpWest 的特别之处在于，它最初是一家以盈利为目的的加速器，通过参与管理和融资获得公司股权，后来却发展成了为早期创业公司服务的种子基金。

本·阿尔茨说，以色列公司如果不早早把有意义的时间放在美国市场，很可能失去与客户的联系，同时也失去了与竞争对手的联系。不过，把整家公司都搬到美国不太现实，因为以色列的公司能建立起来，靠的是以色列本地的创业生态系统。"从公司架构的角度来说，把员工都调到美国当然好，但到了美国，你怎么招人？你能接触到从以色列国防军退役的那些优秀人才吗？在美国招聘毫无优势，而整个公司的搬迁甚至可能影响产品质量。"本·阿尔茨总结，理想的方案是把公司的一部分搬到美国，一部分留在以色列。UpWest 的独特之处就在于它能够帮助以色列的公司尽早接触到美国市场，并通过将公司创始人或高层其他成员调入硅谷，来加速该公司产品对市场的适应。

"在当今这个时代,要证明自己,关键不是钱的问题,我们基金主要解决的是市场准入。我们的投资理念是帮助以色列公司的创始人快速进入市场。"至于何时是连接美国市场的最佳时机,本·阿尔茨说,当公司"有东西可以拿出来遛遛",而不是光弄几张幻灯片的时候,就可以去硅谷了。

获得 UpWest 投资的创始人比本·阿尔茨及其合伙人预想的年龄要大得多。"我们原以为创业公司的创始人应该是 25 岁左右,结果发现最年轻的 25 岁,平均年龄 30 出头。"本·阿尔茨说,"我们资助的那些创始人为了留在美国,付出了巨大的代价。而他们之所以愿意这样做,是因为他们深信公司能成功。我们要投资的就是这些相信 UpWest 能够帮他们接近市场的人。"

"每年我们都会见上千家创业公司,但是真正投资的只有 7～10 家。我们寻找的是已经有了雏形,有一个测试版本,生产出了第一个产品或者找到了第一个客户(甚至是付费客户)的创业公司。有些我们投资的公司其实不缺资金,它们缺的是市场接近性。"

UpWest 的办公室位于美国加利福尼亚州的帕洛阿托,同时在新泽西州的门罗公园租赁了一套大的住宅。本·阿尔茨解释道:"我们投资的创始人问我们,他们来美国之后住在哪里,于是我们就租了一间房子。这样,创始人从旧金山机场降落后,马上就能有地方住,有地方办公。我们可以马不停蹄地派他去见客户,见合作伙伴,见对他的业务有了解、有帮助的人。"

本·阿尔茨接着说:"创始人只要住进我们的房子,开始在我们的办公室办公,所有的节奏就好把控了。我们会有一个启动阶段,把每一周的任务规定好。我们会安排一个固定的接待时间,去讨论用户接口、用户体验、筹款指导,等等。在这个时间以外,办公室最好是空的,我们希望创始人大多数时候都在外面见客户和合作伙伴。"

本·阿尔茨说,UpWest 创立的时候,每年孵化 3 家公司,每家公司孵化 3 个月。对公司的选择,他是这样说的:"这支团队要以大型、有趣的市场机会为目标,并且有与之相关的经验。我们投资过一家公司,叫 Honeybook,这家公司有一个以婚礼摄影师为重点的市场营销战略,想进军美国的婚礼市场。这个战略在以色列是行得通的。到了硅谷之后,他们发现为进行创意工作的自由职业者和企业家提供商业管理工具的市场更大,这种机会在以色列是不可能有的。"

✡ 非本土化选择

以色列几乎所有的创投公司都遵循一个原则,那就是创业公司一定要走出本地市场,尽快在目标市场建立业务。对创业公司来说,在当地慢慢扩张,等到成熟后才进入全球市场,是不可行的。他们需要在开始融资之前就进入全球市场,而通常他们选择的地点都是美国。

看待早期创业公司的全球思维还有一个角度。如果创业公司只关注本地市场,在做竞争分析的时候,它很可能只以本地的竞争者为参考。这样一来,竞争标准就降低了,因为全球范围内最大的竞争者有很大概率不在本地市场。

一家公司想要赢得市场,就一定要设定最高的竞争标准。它需要知道在它的领域内发生的所有事情,尽最大可能从技术、产品、分销、营销等各个方面击败竞争对手。

在投资者的观念中,尽早国际化是非常必要的。因此,很多以色列的投资公司不会选择只发展国内市场的创业公司。一家公司无论在以色列做得有多成功，它的市场都太小，无法支持风险资本营利所需的规模。不仅仅在以色列是这样，德国、法国、英国、巴西都是如此。公司在本地市场的吸引力再大，都有可能会将国际舞台让给竞争对手，从而失去成为品类领导者的机会。

这种想法在以色列投资市场上非常盛行，我们甚至专门给它起了个名字：三人跨国公司。听起来可能有点狂妄自大，颇具虎刺怕精神。但这是创业公司取得成功的必要条件，尤其是来自小国的创业公司。在后面的章节，我将详细讨论如何通过与大型跨国企业合作来实现创业公司的国际化，本章则继续分析尽早国际化的必要性。

✡ 为什么要国际化？

从规模上讲：对于以色列公司来说，答案不言而喻。以色列的人口有 900 多万，相当于美国人口总数的 2.5%，差不多相当于旧金山湾地区的人口数。你会投资一家市场仅限于旧金山湾或伦敦市的创业公司吗？不会。

从地理位置上讲：如果你在美国西部农村长大，你想当艺术家，就得搬到纽约去，像出生在怀俄明州考弟镇的绘画大师杰克逊·波拉克那样。同样，如果你的公司来自中东的一个小国家，你想把它做大，也得去到更大的市场，比如美国。当然，后面我们也会讲到其他的一些选择。

从接近性上讲：公司需要接近其核心市场和用户。在科技领域，大多数情况下，核心市场都是美国，无论公司服务的是其他公司还是直接面对消费者。进入核心市场能够确保：

■ 保持与用户或客户的联系，更好地获得产品反馈。如果没有这些反馈，产品很可能仅仅满足了创始人的臆想。
- 便于密切关注同行业的竞争情况。
- 易于接触到媒体，获得公关机会。
- 方便接触到投资者、导师和潜在的合作伙伴，为公司获得增值和更高的评价。
- 拥有更大的支持网络。

谈到接近性问题，本·阿尔茨站在那些经常到美国出差的公司创始人的角度，说："很多以色列企业家都会到硅谷出差一周，让自己沉浸到美国市场中。对他们来说，这一周是很丰富的。他们告诉我，这一周之内他们完成的工作量，恨不得超过过去6个月的工作量。可是，问题在于他们走了之后，等他们回到以色列，美国还有谁记得他们呢？为了防止这种情况，创业公司应该设计与全球市场的多方位、多频次接触，经常到美国出差，尽量接触到美国的生态系统。等创业公司发展到一定阶段，一定要把总部设在美国。"

从文化上讲： 有些东西你只有浸入那个文化中，才能真正理解。埃亚尔·古拉（Eyal Gura）创办过多家公司。Gifts Project 就是他的妻子和兄弟创办的，他是最初的出资人。Gifts Project 是一个社交商务平台，可以让多个朋友在生日或其他场合共同购买一件礼物。这个项目2011年被ebay收购。古拉说，如果他们不是住在旧金山，就不会知道美国人买礼物的方式和以色列人不同，也就不会想到去创办这样一家公司了。

从用户接入到价值链，再到人们进行商业活动和个人生活的方式，文化都息息相关，不容忽视。

✡ 本地产品难以推向国际

产品或公司在本地能成功,并不意味着在国际上也能获得成功。因为需求不同的缘故,本地公司用的软件和硬件可能与美国同行用的完全不同。比如,在以色列,希伯来语是从右向左读的,因此计算机的配置也需要随之更改。

Check 是一家移动账单支付公司,2014 年 5 月,它以 3.6 亿美元的价格出售给了 Intuit。Intuit 生产的软件可以帮助美国消费者和企业进行财务管理,而 Check 的服务则弥补了其中的不足。

在以色列,消费者没有使用个人财务管理工具的习惯,别说是软件了,就算是用纸和笔去计算收支,也都是不存在的。因此不管是 Intuit 还是 Check,在以色列都没有市场。如果 Check 一开始就立足于以色列本国市场,它还能吸引到美国的用户吗?大概率是不能。能够抓住小国家的本地市场,并不意味着这家公司能够在全球市场(或者说美国市场)获得同样的成功。公司甚至有可能因为过于关注本地市场而脱离了全球市场的轨道,浪费了时间、精力和资源。

"假设你创办了一家网络安全公司,获得了 UpWest 的资助,准备进军美国市场,"本·阿尔茨说,"4 个月之后,你的测试用户都是 Facebook 或 Intel 这样的公司。当你开始融资的时候,你就可以通过这些公司来证明,你解决的问题是重大且有意义的,而且你还有世界一流的公司为你背书。相反,如果你只是待在以色列,靠着对 Facebook、Intel 这些公司需求的远程传话,可能需要两年才打造出他们需要的产品。时间就是你最大的助力,一定不要虚掷。"

尽早接触到国际市场可以很大程度上减少公司的胡乱猜测。本·阿尔茨说:"有一次,我们投资的一家公司,在我们参与之前就已经筹集到了 70 万美元的种子资金，还根据自己在以色列能接触到的最广大的客户，开发出了一款测试产品。他们以为美国的客户也会有相同的需求，可等他们进入美国市场，才发现他们的目标客户并不需要这款产品。于是他们赶紧改变目标群体，对产品进行迭代。所以说，我们的参与为他们节省了至少 6 个月东张西望、错上加错的时间。如果从始至终搭建的都是错误的产品，代价是非常惨重的。除非已经经历了一轮重要的融资，否则极易一蹶不振。"

一些世界领先的组织，包括半数以上的财富 500 强企业，都依靠 CyberArk 来抵御网络攻击。CyberArk 的首席执行官兼联合创始人莫卡迪回忆道："几年前我参加一个活动，人们介绍时说我是'蛰伏十五年，一夜战成名'。有些人可能觉得不可思议，我倒挺骄傲的，我确实是一个晚熟的人。"

1999 年，莫卡迪与儿时的伙伴阿隆·科恩（Alon Cohen）共同创立了这家公司。"数字保险库的主意是科恩想出来的。1999 年的时候，安全软件的主要工作原理是用防火墙将企业网络与互联网分开。我们把防火墙看成一道门，门当然是必要的，但还远远不够。如果你因为某种原因需要让某些人进入你的房子，你肯定不愿意他们闯入每一个房间，翻箱倒柜，随意查看。因此你还需要一个保险柜来保护你最重要的东西。人都有好奇心，如果能够访问敏感数据，他们一定会想看一看的。比如，IT 管理员可能会查看管理层的电子邮件，再看看其他员工的工资。这不算黑客攻击，因为他们是获得授权的，但他们看的确实是不应该看的东西。科恩本人遇到过这种事。他在以色列国防军中央数据处理部门负责系统和安全时，在自己的电脑上写了一封情书，并进行了加密。没想到，一名士兵入侵了他的电脑，把这封情书传开了。有了 CyberArk 这个数字保险库，公司就可以把它最有价值或者最敏感的信息放在里面，比如工资、期权、商业计划、财务业绩、知识产权等。"

不过，CyberArk 的客户发现了这个保险库的其他玩法。在筹集初始资金后，它开始邀请一些以色列公司担任其测试用户，主要是律师事务所和会计师事务所。"这些公司没有按我们设想的那样使用数字保险库，反而对它的其他用法很感兴趣。"莫卡迪说。

"但是，以色列的市场误导了我们，"莫卡迪补充道，"这种情况不仅在以色列会出现，就算是在法国，法国公司也有可能被法国本地的市场带偏。自然，在本地找用户要容易得多。我们当时管这个产品叫网络保险库，它在以色列卖得不错，但在以色列以外的地方却始终没有起色，我们一直想搞清楚是怎么回事。现在回头来看，答案很简单。我们需要用户能够快速上手，从而形成网络效应，让更多的人选用这款产品。以色列是个小国，大家互相之间都认识，很容易形成网络效应。一家银行开始用它来与其他银行进行安全通信，那么其他的银行也会跟着用，然后保险公司也加入这股潮流，很快就能推广开来。但美国的银行根本不会考虑。我们在美国进行过一些早期的销售，当时我们甚至还以为可以提前发布。我们卖得不错，也理解了用户的需求，然后努力满足需求，进展得很顺利。但是随着时间的推移，我们慢慢发现钱不够用了。"

2000 年，莫卡迪移居美国，公司进行了 A 轮融资。但 9·11 恐怖袭击之后，美国的资金枯竭了。"我们回过头来到以色列风投那里寻求资金，我们知道恐怖袭击也无法阻止他们进行投资。"2002 年，JVP 和 Vertex 这两个以色列基金对 CyberArk 进行了 B 轮投资。

莫卡迪说："慢慢地，我们发现，美国公司购买我们的产品主要是为了保护敏感信息，和我们最初设想的用途一样。美国公司还用它来存储密码和管理信息源所需的信息。"以色列市场将公司指向一个方向，美国市场却指向另一个方向。2005 年，在公司成立 6

年后,我们决定将未来押在特权访问管理上。

"这就是为什么我们公司成熟得比较晚。"莫卡迪总结道。他们在早期产品上的投资得到了回报,市场正朝着这个方向发展。自恩隆案以后,新的法规出台了,萨班斯法案也颁布了。每个公司和组织机构都有义务管好自己的 IT 网络。一些骇人的故事也开始浮出水面。旧金山市政府的一位网络管理员被解雇后,阻止了所有工作人员的网络访问。人们开始担心管理员滥用权限。与此同时,人们发现,光有外部的保护是不够的,攻击者可能会从内网渗透。斯诺登(Edward Snowden)曾接受采访说,因为他有访问特权,所以能够窃取国家机密。这对 CyberArk 来说,简直是免费的广告。

2008 年经济危机来袭的时候,CyberArk 的表现也不错。其他公司都在裁员,莫卡迪却骄傲地表示:"我们决定不割肉,一个员工都不裁。我们降低了管理团队的薪水,但不变的是对公司的忠诚。忠诚是很重要的企业价值观,我认为它源自于以色列'一个都不落下'的传统。"

✡ 非线性成长

传统的成长路径是线性的,一家公司就像一个人一样,从童年长到青少年,再到 18 岁获得选举权,21 岁可以饮酒。而创业公司却享受不了这种自然发展的节奏,它得赶紧度过童年期,然后呈指数级扩张。

为了理解迅速成长对创业公司的重要性,我们可以比较一下"新"公司和创业公司的区别。比如说,你打算开一家提供新型餐饮体验的汉堡包店。第一家开在了以色列第二大城市特拉维夫,接下来你准备以特许经营的方式,再开 10 家分店。然后你穿越大西洋,在曼哈顿中部也开了这样一家店，然后继续开，可能在将来的某一天，你的店就在美国遍地开花了。这种公司同创业公司的区别在哪呢？在于它无法呈野火燎原之势，只能一家一家开，一步一步呈线性增长。

公司要想迅速发展，就得提供人们需要的东西，而且还得赶在竞争对手之前，大规模触达人群。对汉堡包连锁店来说，因为店面需要选址、装修，所以速度快不起来。也正是因为这个原因，做软件的创业公司不会挨家挨户上门推销，而是通过网络、电话，或者渠道、合作伙伴进行销售。而且，销售软件不需要店面。创业公司的商业模式一定要确保它能迅速发展，如果做不到，那这只是一家新公司，算不上创业公司。

创业公司之所以要与时间赛跑，是因为如果它们不着急，就会让别的公司捷足先登，这与其技术先不先进、人才优不优秀无关。跳过本地市场可能会迎来不同凡响的结果。Intucell 成立于 2011 年，是一家自组织网络（SON）软件的提供商，该软件允许移动运营商动态调整其蜂窝网络，以最大限度地提高移动通信速度，减少掉线。Intucell 的自组织网络使用大数据评估网络状态，让运营商塔台相互通信。通过这种方式，运营商可以实时扩展或收缩蜂窝网络，使用户获得更好的手机信号。Intucell 的 A 轮融资获得了 600 万美元，在对其进行尽职调查期间，投资者通过 AT&T 检查了它的技术，没有找当地的公司。能够与 AT&T 这种对该服务感兴趣的大型供应商建立联系是非常有利的。后来，AT&T 购买了该公司的软件，思科也在 2013 年初以 4.75 亿美元的现金收购了 IntuCell。如果仅仅服务以色列本地的供应商，是不会有这个结果的。

阿迪·蓬达克·明茨（Adi Pundak Mintz）是一位天使投资人，同时也是以色列迦南投资的风险投资伙伴，与许多初创期的创业公司合作。他的观点是，创业公司越早搬到美国，就能越早通过收购退出。买家不是凭空出现的，他们通常认识你，与你做过生意。现实情况中，你的潜在买家早在正式收购前几个月甚至几年就与你打过照面了。所以，早早出现在买家所在的市场是很有必要的。

✡ 抓住顶峰的机会

这么说吧，如果让将争对手赢在前面，创业公司就没有生存的机会了。创业公司永远要以成为行业第一为目标。即便在发现市场需求的时候，暂时还没有竞争对手，也不能掉以轻心，以为这种市场的虚空状态会持续很久。如果市场有空白，一定会有别人也想去填补它。因此，创业公司要时刻保持紧迫感，不管做哪个领域，这种紧迫感都应该刻进公司的文化中。

我们在以色列经常会用到这个比喻：几支部队都在争夺一个山头，谁最先上去，谁就最有可能守住那里。当一个新的技术类别出现，十几家公司都想成为主导。要想把已经登上顶峰的公司挤下去，所花费的努力和资源要远远大于从一开始就让自己站到顶峰。有的公司还会自己定义一个新类别，就像发明了一座山，所以占据山头相对简单。但很快就会有其他登顶者，因此这家公司不能止步不前，要抓紧发展产品，扩大市场份额，通过研发、营销和业务发展来不断创造新的竞争优势。

✡ 国际化没那么简单

搬去美国肯定是不简单的。明茨说："据我所知，一般都是有了美国投资人的投资，然后再搬去美国的。首先，你在以色列办了

第二章　初创公司行为准则

一家公司，产品做得不错，研发也很迅速，能够构建出最简可行产品（MVP）。搬到美国之后，会有一个文化上的骤变。你得雇来自另一种文化背景的人了。我个人认为能雇到合适的人的概率只有50%，而且你还没法依靠过去职业圈子、学术圈子和社交圈子的介绍。没有美国风投公司的帮忙，真的很难雇到合适的人。如果两年之内，你雇到的美国员工中有三分之二留了下来，这个成绩就很不错了。即便你不把整个公司或者管理团队搬到美国，也最起码在美国建一个办公室。等你进行到 B 轮或 C 轮融资，客户也都在美国时，你就该搬过去了。"

明茨解释道："你最初在美国雇的人必须是'以色列兼容'的，也就是说，这个人的态度可以激进、冒犯，但不能不允许别人冒犯他。因为以色列人的调性是比较冲的，既然大家要共事，就不能往心里去。美国人总觉得以色列人比较反复无常，而作为新员工，又是美国人，肯定需要一种可控感和稳定性。在构建最简可行产品的阶段，以色列人的这种灵活跳脱是很好的，但到了发展规模的时候，就需要适当制约了。还有，硅谷和以色列有时差，这个问题是克服不了的。时间久了，美国那边的员工肯定会想，'那些倒霉的以色列人！'这就是两地分开办公的代价，你要做好准备去应付。我甚至觉得，等纽约那边的创业生态环境发展起来，以色列公司不如搬到那儿，这样距离以色列就近多了，两地办公的代价也会小一些。"

"另一方面呢，以色列团队在美国可能会感觉像'二等公民'，"明茨继续说道，"如果他们原本在公司很出风头的话，搬到美国后可能会觉得有点受挫。很多人会怀疑，到底要不要把整个公司都搬到美国。如果公司比较小，预期的退出规模也比较小，人们可能觉得不用整个搬过去，只需要经常到美国出差就行了。但是，人们很容易忘记自己离国际市场有多远，在出差上的投入总是不够，要想工作顺利，大家就得经常见面。能够面对面地交流，效率比什么都高。"

2004年，CyberArk的投资人要求公司雇用一位美国首席执行官。莫卡迪说："那时候大家都这么干。但是那位执行官的理念跟我们不是很契合，导致美国业务和以色列发展中心之间出现了巨大的脱节。有时候在工作中，那种心态就好像是要在'我们'和'他们'之间站队一样。我听到美国员工在谈论以色列的业务的时候说'他们根本没搞懂'。其实主要是因为文化差异。如果一位首席执行官没有创始人的协助，直接空降进公司，他很容易不信任创始人的一些做法，从而对以色列这边的工作始终隔着一层。那一段路走得很艰难，公司上上下下都不好过。后来我当了首席执行官，弥合了美国团队和以色列团队之间的裂缝，让产品的反馈和研发终于走上了正轨。"

沙哈尔·卡米尼茨（Shahar Kaminitz）是Insert的联合创始人兼首席执行官，Insert于2017年被Pendo收购，同时他也是2013年被IBM收购的Worklight的创始人兼首席执行官。卡米尼茨说："在美国雇销售也很麻烦，而且既然是干销售的，他们推销自己的能力也很厉害。我头一次招的就很失败，不知道为什么他们都不干活。是销售周期太长了吗，还是公司的产出不够高，还是他们压根就没打算好好干？总之是荒废了一年，这个时间对创业公司来说是非常宝贵的。"

✡ 本地市场并非一无是处

虽然创业公司不能只着眼于本地市场，但是在本地市场还是有一些事情可做的。比如，可以用本地市场来检验概念、测试技术、验证假说,或者在某个垂直领域试用产品。需要注意的是,把在本地获得的成功推广到目标市场,可不是复制、粘贴那么简单。

还有一种情况,本地市场也是有用的,那就是能够在本地市场接触到国际客户的时候。超过 500 家大型科技跨国公司在以色列都设有子公司或分支机构,比如英特尔、eBay、EMC、IBM、谷歌、微软、苹果、德国电信、SAP、TI 等。这种情况在小国是很少见的,这也为以色列提供了一条通往全球市场的可能路径。然而,想走这条路的创业公司一定要谨慎行事。有些跨国公司的当地机构独立性是很强的,你的产品能卖给他们,不代表就能卖给国际市场。但话说回来,这种合作或许能让一家公司在跨国公司中打出名声。

埃兰·瓦格纳(Eran Wagner)是企业家出身,后来做了风险投资人。1998 年,当他创办的公司 Xacct Technology 需要登陆旧金山湾区时,他移居到了美国。不过,不是所有的公司都需要这么做。"要想在美国做生意,你就得让自己的人扎根在这片土地,在这里开始销售,没有别的办法。我刚来的时候,根本不知道何为营销,也不知道怎么通过风险投资筹集资金。"

"现在也不是非搬到美国不可了。"瓦格纳说,"十年前吧,以色列出现了一些开拓者,通过电话销售,触达了国际市场,为市场注入了活力。这些公司证明,在以色列通过电话销售也能实现可扩展、可重复的商业模式。于是投资环境也随之改变。现在,在美国的以色列企业家变多了,可以共享的基础设施,比如加速器和工作区也增加了。信息传播得更快了,搬到美国的必要性也就不如从前了。"

✡ 独角兽的诞生

"一直以来,人们都认为以色列只能做小规模出口,无法产生全国性的互联网品牌。"Waze 首席执行官巴丁说，接着他又提到了以色列关于消费领域独角兽的成规："随着技术的重心从应用转向内容，以色列企业家的短板逐渐显露，那就是他们无法获得美国消费者。我们可以做芯片，做网络安全，做电信，但无法涉足消费领域，因为我们无法获得美国的消费者。"然而，Waze 出现了，它成为一家独角兽企业，而且是以消费市场为导向的。

巴丁在以色列的成长背景与同时代美国消费者的成长背景差异巨大。二十世纪七八十年代的时候，以色列只有一个电视频道，全国也没有几台电脑，能够接触到美国消费品牌的机会也少之又少，远比不上今天成长起来的这一代以色列人。巴丁说，当今的全球消费体验正在变得扁平化（套用托马斯·弗里德曼的《世界是平的》）。不同文化间的消费体验逐渐趋同，消费者的价值观也在互相影响，尤其是在软件和移动领域。再加上以色列在文化中强调快速迭代，与精益创业的趋势十分契合，使得以色列的消费品独角兽成为可能。

Waze 是如何获得美国消费者，且能让 Facebook（据传闻）和谷歌都有意收购呢？其中一个正确的决策就是及时将其管理者巴丁调到了美国。巴丁说："独角兽企业应该离硅谷近一点，或者就在硅谷里。硅谷之所以重要，因为那些真正见识过独角兽企业的人都聚集在这里，70% 的独角兽企业都在硅谷。在我看来，这种由企业家、工程师、产品经理、营销人员、公关人员、投资者、导师组成的生态系统，正是硅谷成功的秘方。"当然，以色列现在也不乏见证独角兽企业诞生的人；但是，沾一沾硅谷的气息是很有必要的。因此，美国和以色列，创业公司两边都要占。

巴丁说："让一个小公司分立两地，中间相隔 7000 英里、10 小时的时差，乘飞机也得 24 小时，怎么看都不好，管理的风险也会大大增加。但如果不做，只会更差。一边是自己能够控制的管理风险,一边是自己无法控制的不在场带来的劣势,两害相权,我宁愿选择去承担可控的管理风险。"

巴丁选择住在硅谷内以色列人的聚集地以外,因为他想要接触到更多的人。不熟悉的人可能不知道,硅谷在面积、非正式性和互联性等方面都与以色列类似。巴丁说:"你会遇见很多行业大佬,也愿意帮忙引荐、联系或者指导。好几位和我关系不错的朋友,都是因为他们的孩子和我女儿在同一个班级而认识的。"

本·阿尔茨也赞同这种观点。"大家要规避的是远离市场的风险,是你的竞争对手离消费者更近的风险,是市场在变化而你的竞争对手响应比你快的风险,也是你的竞争对手会比你筹到更多资金的风险。与之相比,管理分离两地的公司虽然困难,但好歹是你自己可以控制的。"

本·阿尔茨认为,最好的方案是"把研发团队留在以色列,其他部门搬至美国。这样你既可以贴近市场,又可以请到以色列最优秀的科技人才。风险在于,两边的沟通、理念可能存在一些偏差,需要花费巨大的精力去补齐。但这种风险属于公司内部,文化、交流上的风险是可以通过努力去改变的。管理地球另一边的团队固然不易,但起码你不会因为距离的原因而失去一个市场。"

Waze 成立以后,并没有立即前往美国,而是首先在以色列实现了几个关键性的进展。莱文说:"我们一直想走国际化,但 Waze 的试行是在以色列,我们不能离得太远。我们的开发人员也是我们平台的用户,需要与其他用户交流。在以色列,我们可以多尝试,即便出错,也能及时修复。这个过程要是放到全球去做,未免太复杂了。"

莱文补充说:"第一个挑战就是要明白你给初始用户提供的价值到底是什么。如果弄不明白,公司是走不动的。第一批用户跟早期使用期者不同,他们更富创新意识。他们开车的时候,会开着GPS,也开着Waze,然后比较两者的不同。如果需要修正地图,他们会很激动,仿佛找到了对这次出行体验的掌控感。那些参与编辑维基百科、积极在各种论坛发言的人也是一样,他们都对自己的爱好非常投入。他们不需要物质上的回报,他们更看重他人的赞赏和认同。"

像 Waze 这样的应用,要想获得足够多的用户来共同完成交通数据,使预计到达时间可靠,就得先达到关键规模。关键规模这个词是从核物理领域借用过来的,意思是能维持核链式反应的最小质量。Waze 是在以色列达到关键规模的。莱文说:"为了做到这一点,我们不得不'连哄带骗'。在我们生成自己的交通数据之前,我们先用了一个租车公司的数据,这样才能为用户提供一些价值,使用 Waze 的体验也会更加真实。比如你遇到堵车了,应用上也显示确实是在堵车。我们希望,10 次使用中起码有 8 次,体验是良好的。如果有司机发现他走的一条路地图上没有显示,我们会在次日给他推送一条信息,告诉他如果再打开应用,会发现那条路已经加到地图上了。这样他们就会觉得 Waze 是在进步的。"

"当我们在以色列学不到什么东西的时候,我们就知道该扩张了。"莱文说。终于,Waze 准备好走向世界了,但事情进展得并不顺利。"我们 2009 年开始向全球铺开,但是没有成功。大家下载这个应用之后,发现使用体验并不好。地图创建得不够及时,于是人们试用一阵就放弃了。2010 年我们做了好几次迭代,但有时候修复了也不管用。结果就是在有的国家表现得还不错,有的国家就比较糟糕。"

"最开始,我们在各国的用户留存率只有 10%,就像是用筛子舀水,漏掉的多,留下的少。但是当留存率达到 30% 的时候,留下来的用户就可以帮忙拉新了，筛子也就不那么漏了。和那些停用 Waze 的人谈谈，也是个好办法。不过，如果人家已经换了别的同类型应用，那就没必要谈了。

"我们还加入了游戏化的内容。90% 的人不在乎这个，但有人在乎，他们会为了得分而开车，这样就能改进我们的地图。Waze 一举跃入美国是在 2010 年夏天。当时，洛杉矶的主干道要关闭维修，媒体预测届时路上会上演一场拥挤的'终结狂飙'。美国广播公司电视台在报道中使用了我们的实时数据，让我们也出了一回名。我们又将数据提供给其他电视台，有的频道一天播放三次。就靠 2010 这一整年的数据，我们的美国地图趋于完善。"

在莱文看来，不一定要将美国作为进入国际市场的第一站。"你在征服了本地市场之后，需要找一个能拿下来的大市场，比如巴西、墨西哥或印度尼西亚。这个市场的公共关系是可以为你所用的，获客要便宜，竞争要小。Waze 就是先在捷克、厄瓜多尔和斯洛伐克成功的。我们并没有专门针对这几个市场，也没有额外做什么努力，它就是进展得很顺利。可能是用户在没有其他选择的地方，Waze 的使用情况就会好一些。美国市场并不好做，而且也很贵。不准备充足的资金，你没法简简单单就发行一个应用。所以，在公司准备充分、时机成熟的时候，踏入美国市场才是最好的。"

✡ 三人跨国公司的运营

公司在初始阶段的时候，可能对目标市场的心态、语言、文化了解得不够透彻。产品研究、市场调查，还有优秀商业计划必不可少的竞争分析，都可以通过网络来完成。但还有一些内容，则非亲自前往目标市场不可，这些信息的作用不可小觑。因此，你的创业公司需要——

充足的资金：一家三人跨国公司要有充足的出差预算。本书讨论的商业模式核心就是要不断接触市场，邀请用户测试产品的初始版本，征求市场反馈。如果要节省出差经费，这些事可能就做不了了。

有国际经验的团队成员：你得早早问自己，团队里有没有国际经验丰富的成员。有没有人在大型跨国企业工作过？他们有没有经营过海外业务？是否向跨国公司销售过产品？他们住在国外吗？他们能够流利使用外语进行展示和销售吗？有没有人能够运用自己的人际网络为公司找到需要的人和组织？

从投资者的角度来看，企业家必须能够跨越文化障碍，理解对方谈论的内容。所以，有美国工作经验是一个加分项。如果没有这样的人才，那么投资者可能就得亲力亲为了。以色列很多早期阶段的投资者会陪同创始人在美国参加第一次商业拓展会议。经验不足的企业家可能不懂美国人说的"有意思"到底是什么意思，也许是真的感兴趣，也许是一种委婉的拒绝。

我曾经合作的一位企业家，和美国 eBay 的人开过会。据他说，eBay 的人对他们的产品很感兴趣。于是我们每次谈到公司的进展，他都会说既然 eBay 都有兴趣，为什么还要担心产品不适应市场呢？后来，我们让他联系 eBay，定个时间开个会，把事情往前推进一下，让他们知道我们是专程从以色列过来讨论这个事的。听了 eBay 的回复我才弄明白。eBay 说，我们不必过来了，他们内部还需要进行多轮讨论，还有许多其他的问题亟待解决，这个事相对不那么紧迫——其实就是拒绝。

你不能指望团队里每个人都对国外目标市场有丰富的经验，但起码其中一个人得有。如果缺少这方面的人才，可以向顾问委员会寻求帮助，也可以直接雇一位外国人，相当于把与国外市场打交道所需的经验和知识外包出去。不过，选人要谨慎，同时记得不要把公司重要方面的控制权让给外部人员。投资方如果与跨国公司有联系，也可以帮得上忙。

✡ 说英语

你有没有想过，明明托尔斯泰的《安娜·卡列尼娜》和陀思妥耶夫斯基的《罪与罚》都是用俄语写的，为什么里面的很多对话都用的法语？因为，在19世纪俄国的贵族社会，法语才是广泛使用的语言，才能彰显说话者的身份和地位。贵族家庭会从法国聘请家庭教师，教授孩子法语。

而在当今的高科技领域，英语则是通用语言，所以创业公司应该说英语。三人跨国公司在日常运营时也需要注意到语言的选择。大多数以色列的创业公司日常所使用的文件都是英文，比如产品需求描述、产品演示、协议和合同（包括雇佣合同）、电子邮件等。这样后期如果有外国投资者加入，查询起过往文件来就比较方便。产品展示的页面都是英文撰写，尽管口头说明的时候可能用的希伯来语。邮件也是用英文写的。员工沉浸在这种环境中，就会克服使用外语的恐惧。法语对19世纪俄国贵族来说是优雅的体现，英语在高科技领域是专业的体现。用希伯来文发邮件，就像渥伦斯基[①]在茶会上说俄语一样，只怕会贻笑大方。

还有一条小建议：当你把一门外语当作工作中的主要语言时，有些东西一定要注意。不要逐字翻译习惯用语。不要以为你用的那

---

① 《安娜·卡列尼娜》书中的男主角。

些比喻、俚语，别人都听得懂。不要对美国人说"他活在电影里"（在希伯来语中，这句话的意思是他活在自己的幻想中，但美国人不一定能懂），也不要说"你没听懂"（虽然意思是这个意思，但是在美国人听来很没礼貌）。也不要以为你都用英语发过3年邮件了，英语的俚语肯定可以信手拈来——有些事还是交给母语人士比较好。

✡ 搬迁的时机与方式

一般来说，公司需要尽早考虑整体或者部分搬迁至目标市场；最好是在公司成立12～18个月以后。这个决策对公司业务、公司对市场的理解和公司后面的估值都有很大的影响。

Waze的首席执行官巴丁建议把公司的首席执行官或者创始人调过去。这个人需要有能力参加各种会议，有权当场做出决定，且能够和投资人、合作伙伴和营销人员进行深入交流。鉴于距离和文化上的问题，巴丁强调这个调过去的人不应该是刚加入公司的人。"我是和大家在以色列共事了18个月之后调至美国的，我们之间关系非常好，也互相信任。这一点很重要，不要小看它。我和创始人之间也会有误会，但我们会开诚布公地谈，不会让误会扩大。也正是因为这个，所以才不建议你直接在美国雇一位首席执行官或者商务拓展人员。那样他只能一个人孤零零地坐在那里，完全不知道公司在做什么。于是就会不断产生误会，沟通也越来越困难，最终搞得大家都很疲惫。只有公司的创始人，或者一开始就加入了公司的首席执行官，才能赢得国内团队的信任。"

至于那个人具体的工作任务，巴丁说，"包括每四到五周飞回来一次。因为见面聊效率最高，而且你得和团队保持良好的关系，给他讲讲你这边的进展，听他们说说他们的反馈，一起吃个晚饭，散个步，私交也要维护。"他知道这很困难，但一定要坚持做。同时，巴丁也建议，不仅以色列团队的关键成员要经常飞往美国，美国团队的关键成员经常去以色列，这样美国团队才能对产品有更多地了解，同事之间也会有更多的接触。"Waze 的规定是，每名新员工入职后不久，都要去以色列工作一周。在刚加入的时候能够和同事待在一起，共同行动，感受作为一个整体的感觉，其作用是无可替代的。"

决定搬迁时机的时候，还有一点需要考虑，那就是公司的目标是否清晰，产品是否明确。在美国发布产品，肯定比在以色列发布产品好；如果公司有创始人住在美国，从美国投资人那里获得 A 轮融资也要容易一些。"即便你不在美国，天使轮融资也问题不大；但是从顶级投资者那里获得 A 轮投资就困难得多了，除非你人在美国。开启 A 轮之前，一定要确保你已经站稳了脚跟，该联系的也都联系了。对投资人来说，'我住在湾区帕洛阿托，技术团队在以色列'，比'融资之后我就会搬过来，不过现在只能 29 号见面'要好接受得多。"

一旦到了美国，一定要多出门，多和当地人打交道。"成天坐在帕洛阿托的办公室不出门、不见人，当然简单，那你还来美国干什么呢。多参加活动，多见人，这就是你搬过来的目的！"

第四节
科技巨头林立，创业公司如何存活

自身优秀，别人才不会忽视你。

——史蒂夫·马丁

以色列能成为一个创业型国家，除了国家资助的军事研发、以色列情报部门的技术培训，以及 Technion 等顶尖大学对人才的培养之外，还有一个很重要的原因，那就是早至 40 年前，世界上的大型科技公司就开始在以色列开设子公司和研究中心了。最开始是因为以色列侨民渴望回到祖国的怀抱，后来，他们的实践、他们虎刺怕的信心和强烈的爱国情感又转而向公司证明，在以色列开设分支机构是正确的选择。对很多公司来说，以色列是它们前往外国的第一站。

拿英特尔公司来说吧。1974 年，英特尔在距离特拉维夫一小时车程的海法建了一个小小的办公室，第一台 IBM 个人电脑的微处理器就是在那里开发的。20 世纪 80 年代，英特尔又在耶路撒冷建立了一家大型工厂，负责大部分产品的生产。英特尔在以色列拥有一万名员工，是当今以色列最大的私人雇主。

英特尔能够来到海法，与多夫·弗罗曼（Dov Frohman）的关系密不可分。弗罗曼的职业生涯是从仙童半导体公司（Fairchild Semiconductor）开始的，后来跟随戈登·摩尔（Gordon Moore）、罗伯特·诺伊斯（Robert Noyce）和安迪·格鲁夫（Andrew Grove）

加入了新成立的英特尔公司。1970年，弗罗曼发明了可擦除、可编程只读存储器（EPROM），这是个人计算机发展中的一项关键创新，它使存储芯片不会因断电而被擦除，可以重复编程，不像其他非易失性芯片那样只能编程一次。英特尔创始人戈登·摩尔称弗罗曼的发明"在微型计算机行业发展中与微处理器本身一样重要"，他也因此获得了由电机电子工程师学会颁发的IEEE爱迪生奖章。

弗罗曼决定回到以色列时，说服英特尔允许他在海法建立设计中心。设计中心成立的那一年正是1973年，以色列参加了赎罪日战争，整个国家都受到了重创。接下来的一年，社会动荡，民众对统治阶层普遍不满，人人都感受到一种强烈的幻灭感。但是，英特尔依旧迎难而上。1991年，当以色列遭到"飞毛腿"导弹袭击时，弗罗曼不顾政府建议，让英特尔以色列中心继续运营。弗罗曼写了一篇文章《战火下的领导层》，发表在《哈佛商业评论》上。文中，弗罗曼解释道，以色列中心需要向英特尔总部证明，不管面临怎样的军事威胁，它都能维持运营。

后面的几年里，每当以色列中心在项目上遇到了阻碍，这段战时的经历总是被员工用来互相鼓励："不管发生什么，英特尔以色列中心都不会退缩。"

这些跨国科技公司的作用远不止为当地培养科技人才、培育创业生态系统，它们更是当地创业公司走向国际的门户。当地创业公司通过与渴望创新的跨国公司合作，并肩迭代产品，从而获得国际声誉。大多数创业公司似乎跳过了这段路，因为担心跨国公司会凌驾于它们之上，或者签订不平等合同，榨取它们的价值。其实大型科技企业很重视创业公司，未必总想着占便宜。有的大型科技企业收购创业公司后，会将其改编为研发部门，或据其制定创新战略，甚至在当地建立加速器。在以色列的生态环境中，加速器是过去五年中游戏规则的改写者。

以微软为例。微软以色列中心是微软在美国以外建立的第一个中心。中心成立于1991年,那时海湾战争刚刚结束。2012年,时任微软首席执行官的史蒂夫·鲍尔默(Steve Ballmer)说,按各国员工占该国总人口的比例来看,微软在以色列雇的员工比世界其他地方都要多,而且"以色列中心所做的创新非常卓越……这里总能给我们带来挑战,也能给我们带来收获。"

2012年,微软在特拉维夫以北的海滨城市赫兹立亚开设了微软的第一家加速器,该项目由微软创业推广项目前总经理扎克·韦斯菲尔德(Tzahi Zack Weisfeld)领导。自那以后,微软在班加罗尔、北京、上海、柏林、伦敦、悉尼和西雅图等地陆续开设了几家加速器。

韦斯菲尔德说,过去,微软通过Bizspark等项目为创业公司提供工具和支持,但没有开设加速器;而正是加速器,才能使开发人员和早期公司建立更积极活跃的对话。乍一看可能很难理解,微软为什么会在特拉维夫周边设立加速器。"这是一个非营利的尝试。大家也很怀疑,费这么大功夫,把这个加速器建起来,到底有什么用,总不能纯粹是为了营销吧。"韦斯菲尔德说。对于那些进入微软加速器的公司,其实是没有什么附加条件的。微软不持有它们的股份,也不强制它们购买或者要求它们使用微软的服务。微软为这些公司开启了一些服务权限,比如Azure云平台,但并不要求公司使用。尽管如此,微软把这个加速器运营得很好,使其成为以色列最受欢迎,乃至最好的加速器项目。

韦斯菲尔德解释道:"我们问自己,怎样才能让微软重启与最优秀的开发者的对话。我们想让开发者接触微软,同时也让微软接触到新成长起来的开发者……最初的想法是创建一个能连接全体开发者的项目。"

韦斯菲尔德调查了多个模型。"我在波士顿遇见了加速器,当时就认定,这种模式能为微软和软件企业家创造极大的价值。可是在微软总部,他们都说我疯了,这么干会一败涂地,但是我不信。"

韦斯菲尔德建立的这个项目采用小班授课制,由专人进行指导,还会有一个专门的展示日。近800家创业公司参加了这个项目,融资40亿美元,66家退出,其中6家通过IPO上市。韦斯菲尔德强调:"项目不要求创业公司在财务上做出任何承诺。这个项目创造的价值不是投资的收益可以衡量的。我们获得的是接触到一个生态系统和一种文化的机会。"

在韦斯菲尔德看来,孵化器项目对微软的意义有4个方面:1)**让微软重新回到对话当中。**2)**与最好的企业家建立长期信任和联系。**他说:"我们是真的想做这件事。有时候人们会说,孵化器对微软来说是个很好的营销,但我要说的是,它远远不止营销这么简单。通过孵化器,我们得以和领先的企业发展深入友好关系。我们孵化的一家公司Appixia,被Wix收购了。Appixia的两位创始人是非常优秀的企业家。收购完成以后,我接到了他们的电话。他们对我们很感激,我们为他们做了这么多,却从来没有要求回报。对我们来说,这样就够了。曾经有一位第四次创业的企业家找到我们,感谢我们在前几周的课程中教给了他很多企业决策的知识。他的反馈让我受宠若惊,因为以他的能力,完全可以来孵化器当导师,而他却谦逊地坐在下面听课。"3)**让世界上最好的创业公司与我们的平台合作。**韦斯菲尔德说:"我们不强迫他们使用我们的平台和微软Azure云,只是让他们知道,存在这样的选择。Appixia之前从来没有使用过这类平台,后来接触了之后,他们开始重新评估一些技术决策。我们也找人用C语言重新编写了代码。在没有孵化器之前,我们不可能与开发者有这样的交流。"4)**为微软创建一**

个反馈闭环。韦斯菲尔德说："世界在变，微软等公司的角色也在变。我们每年会看数千个应用程序，但最终只选择其中的2%。人们从雷德蒙德的微软总部来到孵化器，看看企业家们在忙些什么。我有时能看到他们头脑中的灯泡熄灭。有时我们孵化的公司能够发现代码中的错误，有时也能与微软产品团队进行有价值的互动。"

韦斯菲尔德总结道："不要把加速器看成拓展业务的工具或手段，它自身就有其价值在。"

✡ 以色列的创业浪潮

盖伊·霍洛维茨（Guy Horowitz）是德国电信资本有限公司的普通合伙人，曾是该公司在以色列的代表，最近他搬到了硅谷。8月下旬的一天，空气炎热潮湿，我们在一家咖啡馆见了面。"天气热得教人发狂，德国为什么要到以色列来寻求技术？"他问。"正是因为以色列人在美国工作一段时间以后，'发狂'似的想要回到以色列。这些人举足轻重，让那些高科技企业不得不在以色列开设分支机构。弗罗曼就是这样将英特尔带到了以色列，莫斯·利希特曼（Moshe Lichtman）也这样将微软带了过来。如果不是他们，这些分支机构是不会开设的；而他们也成功证明了，以色列人才济济。因此越来越多的大公司愿意过来，在人才刚踏入市场时就将他们收入麾下，而人才又带来更多人才。对大型科技企业来说，去以色列是获取杰出人才的一条捷径。"

霍洛维茨在德国电信以色列中心最初的职位是技术顾问。"当一家大型科技公司（如德国电信）没有全球研发团队，想要保持创新时，他们会怎么做？他们会派一个人去以色列。问题是，派谁去？派一个瑞典人，或者德国人、美国人过去，还是直接雇当地人？大多数跨国公司在以色列都有专人负责招聘。招进一个当地人，就获得了他在以色列的关系网。我认为对刚进入以色列的德国电信来说，它要招的人不必很了解这家公司，关键是要在以色列认识合适的人。过去几年间，很少有跨国科技公司不专门雇人在以色列招人的。几乎每家大型科技企业都有一位这样的专员，除非它已经在以色列开了分公司，那么分公司就可以负责招人了。"

"德国电信的首席执行官不想在以色列建立德国电信的办公室，他想要把以色列的创新带到公司本部去。他是这样说的，'显然创新不可能从公司内部发起。'想要寻找创新，你就得亲自去两个地方：硅谷和以色列。这两个地方有一个很重要的区别。在硅谷，德国电信是一个强大的欧洲品牌，但这样的品牌并不少。美国自己的市场就够大了，消费者也够多了，不需要欧洲市场来承接他们的创新。因此，专门为德国电信进行技术创新的动力就不是很强。相反，如果在以色列，如果一家创业公司能接待德国电信这种大公司，这家公司的负责人肯定会站起来敬礼，尽可能满足这位大客户的要求。他们重视德国电信的创新需求，德国电信收获的溢出效应就会相当可观。但在此之前呢，需要有人去以色列打头阵，为德国电信物色合适的人选，我就是那个人。"

"我做的都是一些前期准备工作，"霍洛维茨说，"人们问我应该找谁去谈，我就给他们指个方向。要打好头阵，不仅是要寻找合适的投资机会，还要对整个生态环境做出贡献。我也负责回答投资者的问题，帮助他们理解创业公司在德国电信的语境下能做什么。我做的最自豪的事是帮助那些快要走投无路的公司开启一扇门。德国电信不会因为觉得某家公司规模太小或资金太少，就拒绝考虑这家公司。能让一些公司进入德国电信的备选名单，就是帮这些公司找到了投资，这对我来说就是成功。这也为德国电信带来了一种文化变革，也算一种溢出效应。"

霍洛维茨解释说："对大公司来说，创新历时长，过程也很痛苦，没有捷径可走。大公司不会跟你签一份合同，然后就拿来你的创新成果。你需要努力说服大公司里的那些老顽固，然后还需要根据他们的需求修改产品。整个决策耗时很长，你曾经说服的老顽固可能换到了别的岗位，之前的努力又白费了。不过，等你熟悉了这个过程，就会发现，在某个技术领域与德国电信合作是完全有可能且收效巨大的。"

为什么是以色列？"有一种说法，说'企业家'在法语中，是'失业者'的意思。在德国，人们相当看重稳定的雇佣关系。在这样的文化中，人们往往认为创业，尤其是失败的创业，代价太高了。而在以色列，即使是咖啡馆里的服务员，也可能有一个创业的点子。企业家精神无处不在。"

✡ 拥抱外部创新

对创业公司与大企业合作时的一些内情，伊农·多列夫（Yinnon Dolev）比较了解。多列夫是 Sompo Digital Lab 以色列负责人，曾任通用电气 Predix 平台合伙人总监。Sompo Holdings 是日本最大的非人寿保险提供商之一，在日本有两千多万客户。为了促进创新，改善客户体验，Sompo 在东京、硅谷和特拉维夫三地都设立了数字实验室。此前，多列夫是通用电气派往以色列的"先头部队"一员，主要领导加速器相关的活动，重点关注软件开发人员和企业家，方便他们与通用电气合作，共同寻求解决方案并将其商业化。

多列夫解释了两家公司在以色列创业领域的运作方式："我们一直在寻找符合我们投资兴趣的公司，比如大数据生产、保险产品等方向。不过我们的投资兴趣也一直在变。"

多列夫提到,根据他的经验,大型跨国企业之所以寻求创业公司的合作,是为了从创业公司那里汲取创新的力量,这在过去并不常见。"大型跨国企业为什么要这么做?七八年前我还没见过有人是真的来寻求外部创新的,创新一般都是从内部开始。后来,这些公司意识到它们没必要关门搞创新,外部的一些好点子也可以进来。另外它们还意识到,不仅仅是核心产品需要创新,销售产品的整个生态系统都需要创新。如果你想把产品卖给一家工厂,你就得考虑它周围的所有基础设施。你要有一个整体的思维,把这些都看作是创新的一部分。"

多列夫说,金融技术、物联网、软件和分析领域的快速创新,让大公司变得更加"创业友好"。"我刚开始在大型跨国企业工作时,我们一般把创业公司当作"小可怜",能帮的地方就帮一点。现在情况完全变了。作为公司先头部队的一员,我的一项工作职责就是让高层担任创业公司的导师,我希望这样的导师能多一些,因为我们以色列人喜欢参与创新。在以色列开展的许多人才寻找和公司培养工作也激励着其他公司将这种模式播撒到世界各地。"

多列夫总结,大公司有以下几种与创业公司建立联系的方式。第一种是通过企业风险投资基金进行投资。这种投资是在创业活动对跨国公司具有战略意义时进行的。"这并不意味着创业公司需要与跨国公司合作找到问题解决方案,但创业公司的产品应该与跨国公司正在研究的主题相关,能为跨国公司提供它们未来可能需要的东西。为了进行投资,需要有一位内部赞助商。"

另外,跨国公司还可以与创业公司只建立基本的联系,即购买其产品供内部使用或作为解决方案的一部分进行分销。发展到后期的公司一般使用这种方法。而两者合作最重要的一种方式,是大型企业通过创业公司来增强其颠覆传统行业的能力。跨国公司通常运营一个加速器项目，其目标是将创业公司的创新产品与大型企业的商业扩展能力相结合。多列夫说："比如，跨国公司想要发展的生态系统，可以有创业公司来进行实践。创业公司也喜欢这种合作方式，因为在加速器内，不需要有资金投入，也没有什么强加条款，就可以实现与大型公司的合作。合作本身就是价值所在。"

至于创业公司是否担心被跨国公司吞并，或者被禁止与竞争对手合作时，多列夫是这样解释的："5年前，创业公司最大的恐慌是：'怎样才能防止大型跨国企业剽窃我的知识产权？'今天已经不是这样了。不管是大公司还是小公司，今天最怕的都是浪费时间、努力白费。与其担忧怎样防止好点子被剽窃，不如赶紧让这个点子进入市场。我们对创业公司是很开放的。你们可以和我们合作创新，我们也会努力帮你实现。虽然结果无法保证，但我们会将你介绍给我们的分销渠道和客户。这个渠道的价值不容小觑。我刚开始做这个的时候，以为创业公司在和跨国公司合作之前一定会要求先签合同。等到我和创业公司的人聊的时候，我才知道，创业公司想要的是能够与利益相关方一起参加活动，获得曝光。只要有这样的机会，他们就知道后面该怎么走；而且我们需要提供的，就是这样的机会。"

✡ 与大猩猩共舞

通用电气投资了ThetaRay。多列夫讲述了这样一个故事："2012年，工业互联网时代刚刚开始，我们知道以色列的公司非常了解网络隐私。JVP的尤亚夫·兹鲁亚（Yoav Tzruya）打电话给我们，想要来看一看ThetaRay。我让ThetaRay的几位员工和我们的首席安全官去接待了他。我记得当时在电话里听着他们的谈话。他们为了说服他，专程去了一趟美国。他们谈了20分钟我听不懂的数学问题，然后我收到了首席安全官的短信：'我投了'。ThetaRay 最初的研究重点是网络安全，但我们给了它一个工业数据集，这是一个通用的异常检测平台。Thetaray 借此发现了工厂里许多我们还没发现的问题。"

Thetaray 的首席执行官马克·加吉特（Mark Gazit）说："跨国公司里那些同你打交道的人没法不对你的工作满意。你出了错，他们又不会丢工作；可如果你做得好，他们脸上也添彩。"正因如此，Thetaray 在本地一家银行证明了自己的价值之后，将其"未知的未知"检测技术带到了整个金融领域。"与本地客户建立友好合作关系既便宜又简单。虽然其他客户的需求也许不一样，但这个风险是你可以承担的。这不会损害你的声誉，也不会伤害公司里拥护你的那些人。当我走出以色列，我基本上不会有糟糕的价值验证（POV）。而如果我在一家美国银行收到一份失败的价值验证，那么我就没有机会进入美国的其他银行了，因为这些银行会交流比对这些信息。我们谨慎地设立预期，避免失败。这实际上与以色列的文化背道而驰。有个笑话，说有人问一个以色列人：'你会拉大提琴吗？'以色列人说：'当然了，让我试试。'我个人也是这样，但我现在带领一家公司，我必须克制这种冲动，不打无准备之仗。错误固然不可避免，但如果你准备拿下一项大的价值验证，或者与一家大型跨国公司合作，你就不能犯错。"

要想进入国际市场，找到跨国投资者或合作伙伴可能是一条捷径。当然，首先应该确保这样做不会对公司的营销和商业活动造成不利影响。公司应该有权利自由地与其他客户做生意。这样，公司才会将其跨国投资者当作客户，当作设计合作伙伴（即深度参与产品定义的客户），当作分销商，而不用担心其在未来对公司进行某些方面的限制。

加吉特说："与通用电气这样的战略投资者合作责任重大，因为规则由它们制定。通用电气太庞大了，就像一只大猩猩，一个小动作就可能把你踩扁。我们和它合作，就像是大型战舰旁边的一艘小船。但通用电气理解我们的担忧，并与我们共同面对这些问题。我们得到了很多引荐。我被邀请与通用电气当时的董事长杰夫·伊梅尔特（Jeff Immelt）共进晚餐。起初我以为是在一个大宴会厅，我只能同他握握手。没想到只有我、他和6位大公司的领导，我们得以讨论很多安全和网络方面的问题。"

加吉特继续说道："问题的关键在于，我们有没有能力与巨人合作。倾听是一项重要的能力，上帝给我们两只耳朵和一张嘴是有道理的。这就是和大公司合作的方法。很多创业公司要么在大公司面前畏首畏尾，要么趾高气扬，这样都不对。认真对待它们，才是正确的合作之道。"

第三章
初创公司融资实践

THE UNSTOPPABLE STARTUP:
MASTERING ISRAEL'S SECRET RULES OF CHUTZPAH

第一节
早期投资工具介绍

轻松的投资鲜少盈利。

——罗伯特·阿诺德

我在很多情况下，听到人们在不同的语境中使用孵化器、加速器、公司建设、微基金这些词。在涉及早期的科技公司时，这些词在不同的国家含义并不相同。本节将重点介绍这些早期投资工具之间的差异。

✡ 早期投资连续体

创业公司通过出卖股权，获得资金；投资者则为公司提供资本，获得公司股份。投资创业公司的风险在于，其商业模式处于探索阶段，一无产品，二无实际收入，因此不可能进行债务融资。这也就是为什么大多数投资都是为了换取股权或公司股份。如果公司倒闭，投资者什么也要不回来；但如果公司能够退出，投资者就能从中获利。

"创业公司在初始阶段所做的很多工作都是为了打消投资者的疑虑，"天使和风险投资人明茨这样说道，"我最喜欢公司刚成立的那两年，尽管有许多未知因素，但你在打造公司的DNA，为客户做第一个展示，召开第一次董事会，做出第一个测试版本，头一次证明这个产品是有价值的。"

"对我来说,一个好的种子期融资额是 100 万～200 万美元。这是一个神奇的数字,它给了公司 6 个季度的时间来证明一些东西,比如监测初始产品对市场的适应,展示最简可行产品,展现可重复的商业模式。按我的经验,一家公司要在 A 轮之后才能达到真正的产品市场匹配度,基本上要到 500 万美元的样子。在产品市场匹配阶段之后,公司可能还需要 1000 万美元才能达到合适的单体经济模型(unit economics),从而实现规模化。公司应该明白,A 轮融资的时候自己不可能把所有问题都解决了,但应该尽可能多地完成得好一点,让投资者愿意开出下一轮融资的支票。"

股权融资的资金来源包括天使投资人、加速器、孵化器、微型基金、风险投资基金,有时还通过众筹。本节所要讨论的"早期投资连续体"不是比较各投资方式的优劣,而是分析怎样将它们穿插组合,为创业公司的成长提供助力。

✡ 天使投资

所谓天使,指的是单个个人投资者或一群个人投资者。他们为公司提供资金的同时,也会给出自己的建议。有些天使投资人曾经是企业家,他们自己的公司出售或上市之后,就想要投资一些公司,帮助其他企业家。不同于加速器、孵化器和风险基金,天使投资是无组织的。有的投资人会参与到公司的运营管理中,有的则完全放手,因为天使投资没有"后台设置"。过去,人们认为天使投资很好地弥补了简陋的"朋友和家人投资"与成熟的风险资本投资之间的鸿沟。发展到今天,创业公司形式规模各异,天使投资也不例外。

有些人称天使投资人为业余玩家。其实他们在商业领域绝非业余，只是投资并非他们的主业罢了。许多天使投资人和风险投资基金一样尽职尽责。有时候，天使投资人关注的不仅仅是财务上的回报，他们也想通过自己的投资，与那个他们曾经活跃在其中的市场保持同步。天使投资的额度通常在 5 万～20 万美元之间。有人只参与第一轮投资，也有人后续会继续投资。

有一些天使投资人会把资金集中起来，组成一个"天使投资团队"或者"投资俱乐部"。这样，他们可以以更有组织的方式为创业公司提供建议和支持，利用团队的力量制定更好的筛选流程和投资决策。

明茨说："要想筹到 A 轮融资，你需要证明，你们公司卖的狗粮，狗是会吃的，而且公司的经营模式是可拓展、可重复的。不过，有些公司只适合天使投资，所以你第一步需要决定的是这家公司是否是'风投级别'的公司。"

"要弄清一家公司需要的到底是天使投资还是风险投资，我会在一个会议上戴好几顶帽子。我会想象这个公司的 B 轮融资，然后往回推，去计算它的 A 轮和种子轮。这就好像从迷宫的出口往入口走。什么是'风投级别'的公司？它所创新的项目要足够大，能够为风投资金做出点成绩，最好是带有某种明星气质的创始人。它的退出也应该是可以预期的。有一个分辨一家公司是否到了'风投级别'的简单办法，那就是问问公司的创始人，他们想象中公司的成功故事应该是怎样的——他们想要的是 1000 万美元的退出，还是数十亿美元的大企业？"

很多不适合风险投资，或者尚未到达风险投资级别的公司，都可以成为天使投资的对象。明茨继续说道："如果这家公司不适合风险投资，那么问题就变成了它能否尽早实现收支平衡。天使投资人当然愿意其投资的公司最终能筹集到风险投资资金，但如果能被小规模收购或者提前实现盈亏平衡也不错。我想,对孵化器来说也是一样。有的科技型创业公司虽然不适合风险投资,但对孵化器来说也不失为好的选择。"

CyberArk 的莫卡迪讲述了在 CyberArk 早期阶段投资该公司的一个天使集团的故事:"我们从天使投资人那里筹集了资金,直到今天,我们仍称他们为天使。他们参与了我们一路走来的融资,我们也很高兴他们加入了我们的董事会,其中有一位今天仍然是董事会的成员。最开始天使投资人有 4 位,其中一位在初次见面时,对我们很不友好,其他 3 位则很和蔼。对此,我们考虑了一段时间,创业的路很长,路上的起伏本来就多,压力已经够大的了。我们不想投资人中也出现不和谐的声音。于是我们对那 3 位投资人说,想要把他们的投资转移出去。他们闻言,把不友好的那一位踢开了,这 3 位则留了下来。"

✡ 加速器

加速器也被称为前种子加速器或种子加速器。我们熟知的 Y Combinator、Tech Stars 和 500 Startups 都是加速器。加速器每年会有两三期项目,经过筛选后,每期会邀请一批创业公司入驻。顶尖项目的录取率只有 1% ~ 3%。加速器的主要目标是帮助前种子期的创业公司成长到可以获得种子投资的阶段。

进入加速器的公司,通常在 3 ~ 6 个月后一起毕业,毕业当天有一个"演示日",由创业公司向潜在投资者做陈述。如果陈述表现不错,不久后创业公司应该就能筹到资金,通常是种子轮,个别表现优异的也能筹到 A 轮。有的加速器会给公司提供少量现金投资,最高不超过 15 万美元,以便在项目期间为其提供支持。有的不投资资本，而是提供实物或福利，如办公空间、导师指导等服务。不管是哪种投资形式，加速器期望的回报都是股权，通常在5%～10%。

也有一些加速器不要求股权，比如企业加速器和大学里的加速器。

加速器项目能够让企业家接触到众多导师，在技术、产品市场匹配、融资方式和方向等方面接受建议和培训。一些加速器会举办晚宴，邀请一些企业的创始人来讲述他们的经历。全场的交流是保密的，演讲的内容不会被记录下来，这样受邀嘉宾就不会只谈论创业路上的"高光时刻"，什么模式找对啦、工作多努力之类的；他们要谈的是在这个过程中遇到的困境、犯过的错误、经受的挑战和渡过的险滩。

加速器通常提供一对一的交流机会，加速器管理者、加速器邀请到的外部导师都会设定交流时间。不管是定价策略还是设计方案，创业者都可以向他们咨询，获得建议。本质上，加速器运用了一种高度结构化的方式，来指导前种子期的公司，帮助它们培养获得种子投资的能力。

明茨说："当你观察加速器和公司发展的早期阶段时，会发现一些有趣的现象。很多进入壁垒正在瓦解，开发一种技术产品需要的时间和资金都减少了。十年前要花200万美元才能做成的事，今天花50万美元就能办到。这说明，市场对早期阶段的公司期待不同了。在这种情况下，随着加速器的加入，游戏规则彻底改写。为公司提供小额资金，带它们走过一段特定的路程，给它们一点火星，或许就能烧成燎原大火；在我看来，这是一条非常合理、有规划的道路。当你为公司提供资金、办公场所和其他服务时，你也在帮助巩固其业务的形成、发展和交流。而对已进入加速器的公司来说，它们相当于进入了一个充满创意、动力十足的市场环境。这里有与其并肩作战的战友,有导师、团队为其提供帮助。俗话说,'养个孩子,全村帮忙',对创业公司来说,加速器就是它们的村子。"

明茨总结道:"加速器为人们提供了体验创业的机会,在这里学到的东西不比去读研究生少。对年轻人来说,除了工作、升学,加速器提供了第三条路,在这条路上,失败的成本微乎其微,甚至可以看作正面的。同时,加速器使得创业的道路标准化、更好走了。"

✡ 孵化器

紧跟加速器之后的就是孵化器。加速器专注于前种子期的创业公司,孵化器则专注于种子期的创业公司。加速器的主要目标是帮助公司筹集种子资金,而孵化器的主要目标是将公司从种子期成长至 A 轮融资阶段。

大多数公司都是从一个梦想或愿景开始的(在白纸上作画的感觉多棒啊),然后再一步一步去建设。种子投资和前种子投资为梦想注入了资金,但如果公司不能引起市场的兴趣,那它继续筹集 A 轮融资的机会就很小。在种子期,你鼓吹的是梦想;而在 A 轮,你就得拿出公司的样子了。孵化器的作用是帮助创业公司从梦想阶段进入运营阶段,把愿景打造成公司。

将梦想中的公司变为实际能运转下去的公司是创业公司要经历的一个重要挑战和关键阶段。当种子资金用完,公司无法发起 A 轮融资,就会陷入困境。有人称之为"死亡之谷"或"A 轮危机",这意味着公司没有表现出足够的市场吸引力来说服 A 轮投资者加入。在 A 轮之前筹到过资金的公司中,有 60% 都在通往 A 轮的路上天折了。

明茨说:"我们可以把以色列的创业生态系统看成一个由许多投资者资助的企业。这家企业每年创造近千家创业公司,其中几百家弄出了点名堂,进入下一轮的融资。经历又一轮淘汰后,还剩下十几家公司,它们拿到了A轮融资的入场券。"

而这就是孵化器发挥作用的地方:帮助公司形成一个团队,创造差异化的产品,并制订有效的上市战略。对一家创业公司来说,即便它有的方面做得很好,也一定会有欠缺的地方。因此,当创业公司从加速器毕业后,孵化器就接手了。

与加速器相比,孵化器提供的资金更丰厚,陪伴企业的时间也更长。孵化器在严格计划方面与加速器无异,同时又注入了大量资金,通常在50万~150万美元之间。这些资金应至少维持公司18个月的运转,18个月也是创业公司在孵化器的平均时间。在这段时间里,创业公司的工作内容也是高度结构化的,后面的章节我们会详细介绍。

说到孵化器和加速器的不同,CyActive的坦克曼是这样解释的:"两者最显著的差别在于资金。加速器提供了很多帮扶项目和支持,但是没有钱;就像给了你一箱苹果,却因为没有牙齿,吃不了。车没油就无法启动,创业公司没钱就成长不了。"

在早期投资连续体中,孵化器占据着独特的位置。它在加速期之后、A轮之前,与天使投资齐头并进。它为创业公司提供了时间、资金和项目,让创业公司从早期的一个创意成长为可供投资的公司。

✡ A轮融资

所谓A轮融资,指的是公司在第一轮风险投资中筹得的资金。

通常这一轮的投资额在 200 万～1000 万美元之间，可以支持公司运营 18～30 个月。在这段时间里，公司需要开发产品，建立一定的市场占有率，扩大员工基础，并发展商业模式。这一轮投资者会享有 10%～25% 的公司股票。

一家公司进行 A 轮融资之前，需要满足以下几点：

- **产品应处于测试阶段或实现一般可用性。**
- **市场应初步验证（通过设计合作伙伴关系、测试用户或其他形式获得市场认可）。**
- **有上市计划（团队最好有成熟的销售和营销人员）。**
- **管理团队应就位或基本确定。**

如果公司能够初步证明其商业模式是可拓展、可复制的，也有一些收益，说明产品适合市场，那么获得 A 轮融资的概率就高。不过，A 轮以后，可能还会需要 B 轮、C 轮、D 轮甚至更多轮的融资。

有的时候，投资人希望了解公司资金和收益的具体去向。一般这些钱是用来进行产品研发、组建或扩大销售团队、寻找业务伙伴和分销渠道、扩大公司的人员规模等。这些举措都能让公司成长、规模化，增加市场吸引力，占领更多市场份额。

A 轮融资时，投资人会评估公司是否已做好大规模扩张的准备、是否知道如何扩张、扩张方案是否在可控的风险范围内。投资人通常不会参与公司的日常经营，但是会通过董事会来确保公司在整体方向上没有偏差。这一逻辑也适用 B 轮、C 轮的投资人。

当然，例外也是有的。有些公司的创始人是连续创业者，可能单凭一个想法就能获得 A 轮融资，因为他们已经证明自己有能力组建、发展一家公司，并带领其退出。还有些公司，拥有一项独特、创新、具有突破性的技术，或者有非常强大的知识产权，那么它们也有可能拿到 A 轮风险投资。也有的时候，产品因所属行业的特性，需要大量的资金才能进行研发和生产，无法通过小规模融资起步，比如半导体行业，它的研发成本可是出了名的高。

✡ 公司培养人、微型基金和众筹

除了上面讲的那些比较普遍的融资形式之外，市场上还存在一些其他的形式，值得我们注意。

公司培养人： 顾名思义，公司培养人是在公司概念化过程中就会参与的前种子期投资方式。从构思阶段到招募团队、构建产品并将其投放市场，培养人都会高度参与、全力以赴。有些培养人具有研发、设计、销售、业务开发或市场营销等能力；当公司需要时，他们会运用这些能力，助公司一臂之力。因为公司培养人参与时机早，为公司提供了绝大部分的种子资金，因此所占公司的股票份额也大，有的甚至能成为公司创始人。

微型基金： 微型基金的结构与风险投资基金相似，但是规模没有风投基金大，也没有风投基金普遍。微型基金的平均规模为2000万～5000万美元，首次注入的资金在25万～75万美元之间。微型基金通常投资前种子期或种子期创业公司，试图高度参与公司的发展。与大型风险投资公司类似，微型基金通常会留出40%～50%的资金用于后续投资，这样就可以保持在公司占有资金的份额。

众筹： 在线众筹平台已成为创业公司获得资金或至少证明其市场吸引力的一个选择。

公司不管处于哪一个阶段，都可以在众筹网站上发布产品宣传，只要描述得当且没有误导性信息。一般来说，通过众筹平台进行投资，收益不是金钱，而是信贷、津贴和产品。公司所有者依然拥有公司全部所有权。

3D打印机就是通过众筹融资的，众筹也将这一产品推到了公众面前。很少有公司能够通过众筹平台筹到与A轮差不多的资金。

Formlabs是麻省理工学院下属的一个品牌，它从2000多名支持者那里筹集了近300万美元，团队也由3人迅速发展到35人。平台上的投资人会收到邮寄的3D打印机。Formlabs后来在A轮中融资1900万美元。经过7轮融资，Formlabs共筹得1.037亿美元，2018年成为了估值超过10亿美元的独角兽企业。

众筹可以让公司在很早的阶段就证明消费者对公司产品的兴趣，从而消除一些融资障碍。在某些领域这种方式尤其有效，比如新型耳机这样的消费类硬件。这种产品很难通过天使投资或风险投资获得资金，因为这些基金需要消费者接受度、单位成本、分销渠道、上市策略4个方面的硬数据。而众筹则可以让人提前了解到这4项指标。

下面这张表列出了早期投资连续体的一些特征：

加速器	孵化器	A轮
投资额度：不超过15万美元 3～4个月结构化培训 目标：寻找种子投资 公司发展阶段：极不成熟	投资额度：50万～150万美元 半结构化的流程 目标：A轮融资 公司发展阶段：不成熟	投资额度：200万～2000万美元 无固定参与形式，可加入董事会 目标：B轮融资或早期收购 公司发展阶段：基本成熟
天使投资、公司培养人、微型基金和众筹：投资额度在100万～50万美元之间，一般投资尚未成熟的企业，目标是实现A轮融资或盈亏平衡。		

*上述这些阶段，战略投资者都可加入。战略投资者指的是对公司技术、产品和提案感兴趣，并希望在该公司拥有股权的企业。

值得注意的是，创业公司的"跑道"（即由投资资助的运营期）可能会长达几个月到几年，根据筹到资金总额和资金消耗速度（又称"烧钱率")的不同而各异。但不同类型的投资,最主要的区别不在时间长短和金额多少,不能说获得风险投资的公司就好,没获得的就不好。不同的投资方式对应公司发展的不同阶段,从一个点子到一个可扩展、可重复的商业模式,每个阶段都有不同的风险回报模式,因此也对应不同的投资理念。

从加速器到孵化器,再到风险投资基金,投资商业模式之所以这么多,就是为了与不同的公司发展阶段相匹配。明茨说,对创业公司的投资发生在"创新的市场中,这里的人寻求创新,也正在创新"。霍洛维茨曾担任德国电信在以色列的技术探员,他从一家大公司的角度解释了创新市场:"像德国电信这样的大企业,寻求技术创新的目的并不是为了某一项具体的创新,而是创造一种溢出效应。德国电信进入以色列创新生态系统后,其自身在公司内外也会创造一条创新链,这对我们是非常有意义的。我们知道这样的创新单凭我们自己没法做到,只有到以色列来,才可以获得这样的机会。"

投资者在选择公司时,最关心的问题是,它有没有能力证明其基本的理念,以及它能以多快的速度显示出支持这一论点的市场吸引力。这是因为任何早期投资都是把公司从 A 点带到 B 点,再到 C 点和 D 点,在每一个阶段,公司都需要证明它能一步步实现它的愿景。比如,公司现在在 A 点,那么它就能在创新市场上筹集到适合 A 点的融资方式所对应的金额。当公司发展到 B 点,它对应的投资连续体也往前了一步,可能要寻求另一个类型的投资,获得更多的资金。一般来讲,公司从一个阶段发展到另一阶段,所需要的资金会越来越多。随着公司的增长,员工也会增加,资金消耗速度也会变快。

投资者为创业公司提供资金,帮助创业公司从 A 点发展到 B 点,从而证明自己的商业模式。如果创业公司的商业模式被证明是可重复和可扩展的,那么未来的投资会比较稳定。公司距离证明其商业模式越近,投资者就越看好它,它能筹到的资金就越多,同时它在市场上的估值也就越高。这是早期投资连续体的一个特点:证据越多,资金就越多。而证明其商业模式的方式有很多,可以是触达数百万用户,形成了关键规模;可以是购买产品的企业客户认为产品有趣且有价值;也可以是达到收支平衡,或者符合行业标准;又或者只是证明该产品强大的市场吸引力,为下一轮融资提供了让人信服的案例。这些"证据"是选择投资类型的关键因素。

CyActive的联合创始人兼首席执行官坦克曼描述了从风险投资基金到JVP孵化器一系列筹集资金的过程,以及他和合伙人在这一过程中需要提供的证据。由于坦克曼和另一位创始人什洛米·布特纳鲁(Shlomi Boutnaru)知道自己经验不足,对自己的宣讲也不是很有信心,他们"决定先去找那些不太有可能筹到资金的风险投资基金",借此来锻炼锻炼。

于是二人进行了幻灯片展示,整个过程非常尴尬,他们自己都尴尬得不行。"他们既然可以靠拖着不拍板来浪费我们的时间,那我们干脆也浪费他们的时间,通过给投资人宣讲来学习如何宣讲。"坦克曼说,"布特纳鲁还说,我们只有弄清楚前一场会议哪里做得不好,确保已经改善,才能参加下一场与投资人的会议。"这种一边试水一边学游泳的方法,对初次创业的企业家来说是非常值得推荐的。

然而,即便不断进行展示、迭代,他们也没能走得太远。"6个月过去了,什么消息都没有。在某一个时刻,我们明白,没有概念验证(proof of concept,POC),我们不可能筹到钱。我在情报部门的经历告诉我,要想让别人相信你的想法,最好的方法是赶紧完成概念验证。"幸运的是,坦克曼和布特纳鲁申请到了政府"特努法"项目（Tnufa）的拨款。该项目由以色列国家科技创新局资助，旨在鼓励和支持企业家在样品制造、专利注册、商业计划设计等方面的初步努力。每个项目最多可批准5万美元的预算，拨款则可占到批准预算的85%。就在坦克曼和布特纳鲁一筹莫展之际，他们收到了一封邮件，说他们有资格获得特努法基金。正是因为有了这笔款项，他们也完成了概念验证，JVP才对他们进行了投资，帮助他们在不到18个月内就实现退出。

当坦克曼和布特纳鲁开始与孵化器的管理人员会面时，他们的故事已经讲得很熟练了。坦克曼说："这些会面太有价值了。JVP的兹鲁亚提了很多问题，挑了很多刺，让我们得以不断改进宣讲内容。"其实改进的不光是他们的宣讲，而是CyActive背后的整个逻辑。"创业公司一旦开始运转，最初的那个想法就不可能一成不变或者仅仅是微调。你只要开始，这个想法就一定会经历巨变。"

融资决策综合了一系列因素，比如投资者对公司的期望、涉及的风险、需要投资者达到什么样的水平，以及上述所有因素是否符合特定的投资者偏好。但为了绘制早期投资连续体，主要问题是公司在投资前的状态以及期望投资为公司带来怎样的改变。一家处于早期阶段的公司不仅应该规划当前一轮投资，还应该规划下一轮投资，并且应该确保每一轮融资的金额都足以支撑公司到下一轮融资。

第二节
创业公司成长的三个阶段

只有不怕走远的人，才知道自己能走多远。

——T. S. 艾略特

根据前面的介绍，我们已经清楚创业公司在初创阶段能够找到哪些资金和服务。现在就让我们来深入了解一下创业公司是如何一步步成长起来的。

要理解这一过程，首先需要记住公司在发展初期一定要尽快完成产品、发布产品，然后获得最初的市场吸引力。要获得 A 轮融资，基本上只有这一条路可走。对科技型创业公司来说，要走这条路，就得不停地试验，把公司愿景、产品、商业模式、上市、分销渠道，和各种可能对公司有利的方面，都完善好。这一不断调整和完善产品及价值主张的过程分 3 个阶段进行。公司里的每一个人——创始人、管理层、董事会和顾问委员会都在这一过程中发挥着作用。这一过程做好，就为公司的成功奠定了基础。

公司的孵化器一般是 18～24 个月，要在这段时间里收获最好的成绩，实现 A 轮融资，可以把这段时间划分为 3 个为期 6 个月的阶段。拥有 100 万～200 万美元资金，需要支持 12～24 个月运营的种子或前种子公司，都适用这一阶段划分。重申一下，这种划分不限于由孵化器资助的公司，只要资金和成长阶段类似的，都适用这种划分。

✡ 获得孵化器投资的前提

公司及其投资者必须就公司的愿景、战略和上市达成一致。在孵化器投资一家公司之前，双方最好就未来 18 个月有一个共同的运营计划，该计划应与投资设定的时间线和财务限制相匹配。

坦克曼在前面已经解释，融资的各个阶段不断激励着公司改进产品愿景和运营计划，并完成概念验证。同时，当市场需要额外证明时，比如激发用户兴趣的能力、与公司客户部署测试产品的能力等，公司也能积极完成。这意味着，当公司获得资金时，其运营计划和产品愿景也已经就位了。但就位不等于不能更改。我们在这一节会讲到，公司在这 3 个阶段中会有实验、变革，甚至转型。

第一天的时候，公司的管理层就应该和投资者一条一条地讨论公司面临的机遇和战略选择、公司的定位及其在价值链中的位置。公司的计划里，既要有雄心勃勃的愿景也要有详细的运营方案和目标。既要有整体的大方向，也要有实现大方向的具体任务，以及对任务执行的跟踪和评价体系。如果一切顺利，公司的终极目标应该是成为行业领导者。

有人以为公司的愿景和运营计划是割裂开的，愿景是理论、精神层面的，运营计划才是是实打实的。这种看法有失偏颇。正是因为有了愿景，公司才得以成立，它是刻在公司基因里的。而运营计划正是愿景的具象表现，体现了愿景在实操层面的指导意义。运营计划应该包括产品研发、产品路线、人力资源计划、营销计划、业务发展计划、上市战略、业务模式等。

现在，让我们看看这 3 个阶段的具体内容。

✡ 前6个月　第一阶段：产品建设

公司创立的前6个月是构建产品的阶段。这一阶段应该着眼于公司内部，积极准备能够证明产品市场吸引力的各要素。其中最重要的任务是确定"最简可行产品"（MVP）。埃里克·莱斯（Eric Ries）将最简可行产品定义为"该版本的新产品应该能使团队花最小的力气最大限度地了解用户"。阿什·莫瑞亚（Ash Maurya）是《精益创业实战》（*Running Lean*）和《精益扩张》（*Scaling Lean*）的作者，他对最简可行产品的定义是："能够为用户带来价值的最精简方案（有时还能回收部分价值）。""回收部分价值"的意思是获得潜在用户付费，从而证明最简可行产品的价值。

最简可行产品与其说是最终产品，不如说是基于定量和定性数据实现快速测试的策略。"最简"不代表产品本身很简略，只包含一个特性，或者8小时就编码完成。最简可行产品可能技术要求很高，在用例甚至功能集上都很有野心。"最简"只意味着它有最小的功能子集，方便将其部署到可能的早期用户上，然后获得关于产品和收入模型的反馈。

最简可行产品到底有多"简"，实际上很难定义。一方面，它应该展现出充分的技术和功能，以确保市场的反馈是有价值的；另一方面，开发产品的时间不宜太长，花费也不应太多，也要避免在产品路线图上走弯路。公司不希望最简可行产品太过简略，以至于无法准确反映最终产品；但同时也不希望发布最简可行产品后，还要大量迭代，从而导致开发工作的浪费。

人们可能会困惑，为什么公司不能多花一点时间，向用户展示更成熟的产品呢？那样不是更容易接受吗？最简可行产品背后的逻辑是避免投资产品没有用户，或上市战略与现实不符。这样一来，公司可以避免将前 18 个月的资金全部拿来开发产品后，却发现这个产品不适合市场；通过测试部分产品，获得有价值的市场反馈，公司能够节省时间和金钱，也能将更好的产品投入市场，在 18 个月内取得更好的商业成果。

史蒂夫·布兰克（Steve Blank）说："最简可行产品并不一定是最终产品的更小或更便宜版本。为最简可行产品制订合适的目标可以节省大量时间、金钱，也可以防止你日后后悔。"他讲了一个例子。如果你想要售卖一项服务，以无人机拍摄的照片为主要内容，比如让农民通过无人机拍摄的照片判断庄稼是否健康，那么你的最简可行产品未必得是安装了高分辨率摄像头的无人机。为了收集市场反馈，你不如租一架小飞机，拍照，再与农民接洽。这就是为什么布兰克认为最简可行产品不一定更便宜，但一定是个更聪明的学习机会。

莱斯讲述了 Dropbox 在最简可行产品上的经验："Dropbox 需要借此来解决用户的信心问题，换言之，如果我们能提供卓越的用户体验，人们会尝试这个产品吗？"这个问题是无法从焦点小组得到答案的。用户通常不知道自己想要什么，给他们解释 Dropbox 这个概念，他们也很难理解。"Dropbox 相信，大多数人其实是有文件同步问题的，只是他们自己不知道，后来证明，Dropbox 是对的。"人们一旦体验过这个解决方案，生活中就离不开它了。

问题在于，让 Dropbox 产品无缝工作绝非易事。最简可行产品不可能包含最终内置的所有功能。于是，他们做了一个 3 分钟的视频，内容是 Dropbox 首席执行官德鲁·休斯顿（Drew Houston）向早期意向用户展示 Dropbox 的用法。结果令人震惊：几乎一夜之间，预约测试版的人数从 5000 增加到了 75 000。Dropbox 团队由此确认，他们开发的东西是受市场欢迎的，不是只有他们的家人和朋友才感兴趣。

莱斯认为，最简可行产品不仅仅是一个产品定义，而是包含学习、构建和测量的全过程，需要努力和自律才能完成。要想开发出好的产品，就不能坐在办公室里，不断开发新功能，梦想造出一个完美的东西；而应该经历这一严苛的过程，让核心理念不断接受捶打。光让工程师团队玩技术是不行的，有时候还是得把有趣的东西放一放，找到一个最简可行产品（比如视频）来证明接下来花时间去玩技术是值得的。在这一阶段高效做出成果是至关重要的，只有这样，公司才能成功。

与直接等待一个最终成品相比，最简可行产品如果做得好，该产品及其迭代就能更早地与用户建立联系，更容易满足用户的需求和期望。最简可行产品的制作过程可以非常有创意。比如，有的公司为不存在的产品创建网页，测量用户的点击率和购买意愿。服务行业的公司可以先用人工服务完成最简可行产品，后期再将其发展为自动化的。

所有这些，都需要基于可靠统计数据的分析，来验证每个假设。创业公司的早期阶段不应该是混乱的，而应该通过 A/B 测试和市场实时反馈，审慎地调整其方向。公司在研究产品及其竞争力时，也应该细致入微，找到它给用户带来的价值，打磨竞争优势，从而赢得竞争。竞争优势可以是技术层面的，也可以是商业模式、定价、功能、用户界面（UD）、用户体验（UX）或任何其他层面。在第一阶段，产品管理和研发管理最为重要，销售和营销管理则可以后期再发力。

值得注意的是，在大多数科技创业公司中，产品和研发之间的关系都非常紧张。产品团队的出发点是产品应该是怎样的，然后提一长串要求；研发团队的出发点市场产品能做成什么样，时间和资源的限制都要考虑到。虽然研发往往占主导地位，将产品限制在能够完成的框架内，但产品团队的高层需要在"能做到"和"想做到"之间找到一条最合适的路线，甚至偏向"想做到"那一边。同时，要记住，两边的观点都是合理的，都是为同一家公司的共同目标服务。关系可以紧张，但绝对不能演变成内部斗争。

研发团队要时刻谨记，产品的用户界面和用户体验不容忽视，因为它们才是传达产品核心价值的载体。不能只关注技术，然后认为其他的很无聊或者没必要。产品经理呢，则需要找到技术许可范围内实现设想的变通手段。

在开发产品时，即便只是在搭建最简可行产品的阶段，也应该考虑到基础设施的发展。大多数网络软件和移动产品都需要可扩展的后端。尽管产品刚刚起步，还处于测试阶段，如果没有合适的基础设施，它也无法大规模快速扩展。这就是为什么开发最简可行产品时应该解决基础技术框架的问题，从而确保扩展过程的高效实施。

用于初始验证的最简可行产品做好了，第一阶段就结束了。最简可行产品要用来检验技术，获得用户反馈，反馈内容不仅包括产品本身不足的部分，还包括产品体验、产品主张、定价和使用案例。这一阶段，公司不一定要公开启动，它可以像通常所说的那样，采取"隐身模式"，进行封闭测试。

测试版的规模取决于产品服务的是个人用户还是企业。如果软件或产品的目标用户是企业，那么它的目标就是做出测试版，找到潜在用户，将产品稳定到用户可以使用并理解其核心价值的水平。有时，产品必须产生收入才能完成流程。如果产品的目标用户是个人消费者，那么它要做的就是通过可测量的参数，如用户满意度、用户保留率、每日活跃用户（DAU）和每月活跃用户（MAU）的比值等，来证明消费者是感兴趣的。这个阶段的另一个重要任务是尽可能多地掌握将来获取用户的方法和成本。

✡ 第6到12月　第二阶段：初始市场验证

在第一阶段创建最简可行产品是为了让公司在第二阶段继改进其产品和主张。这一阶段，公司应开始验证所有可能的信息，如获取客户的渠道和成本、销售周期、转化率、保留率、参与率等。如果产品是针对个人用户的，那么6个月的时间可能不足以了解用户使用产品的生命周期和价值，但可以提供一个初步的预测。如果用户在初次或第二次使用后放弃了该服务或产品，也能提供一些参考。针对企业的产品，6个月是合理的，可以完成概念证明，并在结束时决定是否购买。需要注意的是，第二阶段要想高效，第一阶段就要做好市场准备，比如潜在的试点合作企业，或者为面向个人消费者的产品制订营销计划，找到一些获取用户的渠道。

公司收到市场和用户的反馈后，就需要不断迭代。迭代可以是调整产品，也可以是改进用户界面、用户体验，优化性能，调整商业模式，制订新的定价策略等。这是一个持续的过程：尝试，反馈，调整，再获得反馈，再调整，循环往复。在公司的所有阶段，这个过程是不断重复的，只是在第二阶段中，进行得尤为密集。

不过，不必太过看重极个别用户或企业的反馈。要知道，不是所有的反馈都明确且有意义。有些创业公司，尤其是以企业为目标用户的公司，会对某一家大公司的反馈特别上心。创业公司应该学会区分，哪些反馈是个例，哪些反馈具有普遍性，能代表市场上其他潜在用户的需求。

伊多·亚布隆卡（Ido Yablonka）创立了一家名为ClarityRay的公司。不久前，他还是雅虎以色列公司的副总裁兼总经理，再之前是雅虎的广告安全负责人。"我们最初想建立ClarityRay，是因为网上的广告如果弹出太多，会惹恼消费者，从而牺牲用户参与度。有鉴于此，我们认为，用户应该愿意花一点钱来获得无广告的网络体验。我们觉得这个推论很有道理，投资人也很认同，所以我们才筹到了50万美元的资金。然而，运行3个月后，我们发现用户没有转换，也不愿花钱来移除广告，起码没能达到我们原计划的费率。"很显然，ClarityRay的最简可行产品运行得不是很成功。那么，亚布隆卡和他的团队该怎么做呢？

"我们得弄清楚用户为什么不转换。我们猜想，用户可能使用了免费的广告拦截盗版软件，这样就不必付钱给我们了，之前我们还以为这个问题完全可以忽略。可现在，我们得验证这个假设，不然怎么办，还能打道回府不成？实事求是地调查出错的环节并不简单，情况不确定且多变，人的心情也容易受到影响。我们技术整合到位，能够测算出有多少人使用了广告拦截软件，从而阻止了广告商获得收入。当时，业界普遍认为，大约只有0.5%的用户使用广告拦截软件，所以问题不大。但其实这个数据是存在误差的。我们发现，实际上网站访问者使用广告拦截器的情况高达10%，有的情况甚至达到了60%。我们想要解决的问题，在用户这里已经不成问题了。"

亚布隆卡和团队得想清楚，知道了这个情况以后，该怎么办，如何利用这个情况，推出受市场欢迎的产品。"原来广告拦截软件这么普遍，对广告商来说，不能说不是一种威胁，而广告商却一直没有意识到。这个问题从技术上很好解决。既然广告可以屏蔽，为何不能屏蔽掉屏蔽广告的软件？我们马上着手开发了这个产品，并注册了专利。"决定转型之后，ClarityRay立即着手，重新打造产品，在市场沟通和产品提供上充分体现了虎刺怕。

第三章　初创公司融资实践

"伽利略有了望远镜,就看到了此前无人看到的景象,在短短几天之内,对天文学的了解就超过了之前所有的人类。"亚布隆卡说道。"对我们来说,我们的望远镜就是看到了广告屏蔽软件的普遍性。那么看到之后,我们该如何利用这一知识呢?我们假设市场上有 10 家了解到这个信息的竞争者,市场主导权很可能属于第一家能够屏蔽网络屏蔽软件、按实际问题规模上市、及时响应市场需求的公司。这正是我们正在做的事。"作为第一个虎刺怕之举,他们发表了对行业现状的研究报告,将自己从行业内的无名小辈变成无法忽视的预言家。"这为我们带来了大量的潜在客户,包括以前不太可能接触到的高端客户,以及许多有用的销售渠道。"亚布隆卡说,公司就此成为行业领导者。

下一步是产品定义。该公司开发了一项技术,实时发现用户在使用何种广告拦截器,并绕过它或向用户发送消息。它并不一上来就向网站方出售产品,而是先为网站方提供一份免费的报告,说明网站方有多少用户在使用广告拦截软件。"我们将为您提供一份免费的报告,揭露一个关于贵公司的事实。如果需要进一步的服务,请给我打电话。"亚布隆卡这样说道。ClarityRay 在一年内就实现了盈利,接下来他们要解决一个新问题。"我们整合了许多网站,审核它们的流量,识别不属于该页面的广告植入。这些广告由第三方植入,利用了网页的流量,而广告商和用户却毫不知情。在我们之前,也有很多公司想让用户购买安装它们的反广告植入软件。很多人不买账,因为他们根本没有意识到存在这么个问题。于是我们决定也向网站方披露,有多少网站用户会看到第三方植入的广告,并配合屏幕截图。网站方的反应很强烈,于是我们开始进一步罗列数据,给网站方发 PDF,让网站方了解整体广告安全性的问题,并不急于推销产品。后来我们发现,没有整合的必要,我们和企业的交易很顺利，90%的订单都是通过电话或者Skype完成的，剩下10%是我去美国出差完成的。"两年半以后，ClarityRay仍然只有10名员工，它被雅虎收购，被编入其广告安全部门。

到第二阶段结束时，公司仍在使用最简可行产品，但此时的最简可行产品应该已经发生了根本性的转变和改进。这个时候，公司应每周通过商业智能仪表盘向董事会汇报工作。关键绩效指标也应该落实到位！董事会和顾问委员会也应该帮助公司在这一阶段实现开门营业。

第二阶段的最终成果是一个包含所有市场反馈、能够全面发布的测试版产品，其商业模式应该已经得到充分验证，对消费者或企业的价值非常明确了。

✡ 第12到18个月　第三阶段：市场参与

在第三阶段，公司应积极参与市场。其目标是确保产品的市场吸引力，稳扎稳打进入A轮融资。

沙哈尔·卡米尼茨（Shahar Kaminitz）是Insert的联合创始人兼首席执行官。Insert是一家移动订婚公司，在2017年被Pendo收购。在Insert之前，他创建过一家名为Worklight的公司。"2006年初我创建了Worklight，"他说，"我很了解企业软件，我在Amdocs（以色列跨国科技企业）有10年的工作经验，担任过多个职位，积攒了很多对创业很有用的经验——产品开发、人员管理、产品管理、以及美国大客户销售等。Worklight专注于简化从企业系统访问信息的过程。当时，如果你想要找到某一条特定的信息，就得登录公司使用的企业软件，把所有的页面浏览一遍，费尽九牛二虎之力，才能找到你要的那条信息。可是，网络已经使得信息查找非常容易，所以我希望能让企业内部的信息检索也同样方便快捷。"

卡米尼茨花时间研究了产品和市场,独立创建了这家公司。卡米尼茨说:"尽管 Amdocs 的经验为我在各方面打好了基础,但创业依旧不简单。作为创始人,你是单枪匹马在战斗。公司的财务你得管,投资的轮次你也得把握,资金消耗率得你来算,营销你来做,潜在客户也靠你开发,销售你也得挑起来。这些方方面面,在大公司里都是有专人打理的,你只需要处理其中 10% 的事务就可以了;自然有人与客户完成交易、签署协议。这些事情现在一股脑全堆到我头上来了。"

筹集资金后,卡米尼茨雇了一个团队,开始开发产品。"在公司成立的头两年里,我坚持与市场上的潜在客户交谈,确保得到产品的验证,这个过程很重要。你将初步设想的解决方案展示出来,然后评估市场是否感兴趣。当时进展得很顺利,大家都说我们的产品很棒,而且说这话的正好是我们的目标客户。"验证看来是在稳步推进。"他们说这个产品独一无二,他们从未见过类似的产品,这个对他们的公司也很有价值。所有的条件似乎都满足了。"

然而,我们后面会讲到,市场给了卡米尼茨错误的信号。18 个月后,他将不得不转型。因此,当他创办第二家公司 Insert 时,他对市场验证非常谨慎。"你验证的时候,客户会对你展示的东西非常积极。这只是因为大家都很善良,他们知道你展示的是你的梦想,他们不想毁掉你的梦想。口头验证总是积极的。对客户说的话,我学会了少信一分,更多地依赖我对市场的直觉。"

卡米尼茨学到的最重要的一课是,一定要尽早将产品推向市场。他说:"你要密切关注,人们嘴上说想买的东西,到底有没有真的花钱。到 Insert 这里,我们很早就发布了产品,没有对准备情况表示歉意,也没有说什么测试版之类的话。这样我们就有时间调整产品供应和定价。我们可以亲眼看到，人们对在验证阶段说自己愿意花钱的产品，是否真的会掏钱购买。"

Worklight 没有发布产品的最简版本。卡米尼茨说："一开始是我自己卖，后来雇了销售人员。一年前，在验证阶段，我问的人都说这个产品不错，结果真到发布的时候却碰了壁。他们访问信息依然存在问题，他们依然说这个产品新颖独特，可事实上，这个问题并不紧迫。我突然意识到，数据访问在他们关心的问题中，甚至排不上前三。这样的回应出现了一遍又一遍。但情况也并非全都如此，也有一些客户喜欢我们的解决方案，购买了我们的产品。但这样一来我们就更迷糊了，这些客户都来头不小，既然他们喜欢，那我们到底是停止这个产品呢，还是继续做下去呢？我们业绩不错，有大客户，有盈利，可实际却卡在了那里，无法真正起飞，每卖一单都要费好大的劲。"

在这个节骨眼上，关键绩效考核的重要性愈发凸显，因为从中可以看出公司是否真的在进步，也能看出 A 轮投资者会怎样给公司估值。处于这一阶段的公司应展示定量的关键绩效指标、反映市场对其价值主张的积极响应，以及与合作伙伴和分销商达成的几项协议、商业模式的初步证明，还有最重要的是，一支全面且充满激情的管理团队。现在，公司得开始好好招聘市场营销、销售和业务开发人员了。

显示市场吸引力的验证，以及为 A 轮融资准备的验证，应该是具体和真实的。和已经签署了的合同相比，与潜在客户的泛泛交流则不那么重要。市场吸引力各不相同，主要取决于公司运营的垂直方向。比如，向企业销售产品的公司应展示其对企业的吸引力。他们要证明，他们的产品能够解决企业真正存在的问题，满足企业真正的需求，而不仅仅是一个小众的需求。面向消费者的公司应有能够证明消费者吸引力的关键绩效指标，如转化率（即下载量、活跃用户、购买量等）、保留率、参与率、用户寿命、DAU/MAU比率（每日活跃用户数除以每月活跃用户数）等。在这一阶段，展示获客成本以及与之相关的生命周期价值（LTV）也很重要，以便公司能够证明其在客户获取成本上产生了积极的投资回报。如果该公司能够证明自己找到了公司运营的"基本公式"，下一步打算规模化，那么它成功完成一轮融资的可能性就很高。

到了12～18个月这一阶段，下一轮融资也要准备开始了。在和投资者接触之前，公司应该弄清楚下一轮需要多少资金，要达到的目标是什么，以及每笔钱的用途。比如，是否计划通过下一轮轮融资实现收支平衡？是否计划去开拓新市场？我们在上一节谈到过，A轮融资的平均金额通常在200万～1000万美元之间，有时可能超过1000万美元。一旦确定了融资金额，那么选择何种投资者就不言而喻了。公司要寻找的投资人，除了能够提供资金外，最好还能有一些其他方面的帮助。如果这个投资基金在某一领域有非常漂亮的记录，或者专门从事某类公司或垂直行业，又或者这个战略投资人能将商业伙伴关系带到谈判桌上，这些都是大有裨益的。

一定是公司自身，而不是它现阶段的投资者或者孵化器，来管理寻找下一阶段投资的流程。投资人和孵化器可以帮助公司优化其宣讲、展示，为其找到最好的证明市场吸引力的方式。他们可以把公司介绍给他们的熟人，但注意不要狂轰滥炸，只找最合适、最相关的人即可。

孵化器和其他早期投资工具一样，也需要考虑它释放给市场的信号。一个强烈的信号就是它是否决定进行后续投资。如果它决定对投资组合中的其他公司继续投资，唯独落下一家，那么这就释放了一个消极信号，对这家公司的下一轮融资非常不利。当然，没有被继续投资的公司也不一定会失败。它们可以降低资金消耗率，改变商业模式，尽量做到收支平衡，还是有可能迎来下一轮融资的。

✡ 转型

不管是创业者、投资者，还是公司，都不可能一开始就找对路子。如果说创业公司是寻求可扩展、可重复的商业模式的组织，那么当这种寻找进入死胡同时，转型就发生了。

就像ClarityRay一样，很多公司都会走到走不下去的地步。也许是产品不够好，也许是用户体验不够好，又或许是竞争对手的产品更具优势，还有可能是市场的需求不够旺盛，利润空间太少，或者模式无法拓展。

缺乏经验也容易导致失误：如果商业模式运行得不好，公司很难判断是销售总监的错误决策导致的，还是产品本身功能不够亮眼。有的时候，问题层次更深、更系统，需要彻底反思公司的宗旨和主张。这可能是止损的契机，也可能是公司的技术和产品其实不错，只是找错了用户和人群。如果原因在后者的话，那这也是一个机遇。

创业公司在转型时，要立足于已经学到的经验、已经做出的成绩，一只脚踏在过去，一只脚迈向未来，这样转型才能成功。公司在转型的过程中，可能慢慢会偏离其最初的愿景，但如果仔细观察，你会看到在每一次迭代中都会有一脉相承的东西。

很多创业公司之所以失败，就是因为它们死死抓住最初的那个想法不放，不肯改变方向；要么则是转向太猛，猝然跳入另一条赛道。这种跳跃是很危险的，因为它们无法利用之前对市场和客户的有效了解。

转型不是微调，转型要改变的是公司的基本理念。前面讲到的

3个阶段都可能发生转型，尤其是第二和第三阶段，这时产品已经进入了市场，公司可以看到哪些战略有效，哪些是无效的。当一家公司认真对待市场反馈，并将其核心知识应用于不同的产品、目标受众、主张或业务时，转型就发生了。

ClarityRay 的亚布隆卡说："我对转型的定义是，公司一开始是这样，经过不断学习，最终成为另一个样子。创业公司经常会觉得最初的方向走不通。这个时候就要考虑，能够做些什么。如果你觉得这个公司的成功概率为0，那就不必转型了，直接开家新公司好了。对我来说，转型是一个数据驱动的改变，需要对整体的局势有理解和把握。如果总觉得公司运转不灵，不要把问题复杂化，明确指出问题所在，找到你了解不够的地方，用数据回答你的问题。同时，不要为失败找借口。数据无所谓好坏，它是客观的，从数据中为失败找借口可能会导致你错过更大的机遇。"

亚布隆卡说，你得先知道何为成功，然后才能判断你做得好不好。"如果你无法定义成功，你就不知道何为失败。就ClarityRay来说，我意识到我最初对广告拦截软件的看法是完全错误的。一旦我们搞清楚广告拦截软件的真实数量，我们就知道机会在哪里，就可以积极地去追求了。这靠的不是梦想或直觉，而是实实在在的数据。"

亚布隆卡提醒说，转型并不简单。"转型要求实事求是的态度。很多人认为转型就是不好的。他们会想，如果你第一个故事没讲好，他们为什么要相信你的第二个故事。公司员工对转型的容忍度也有限。最好在转型之后招的人要比之前多，或者说，在问题解决之后，再大量招人。不然的话，那些离开自己正经的岗位，心甘情愿忍受降薪，就为了跟你一起追逐梦想的人，你得不停跟他们解释，他们的梦想变了，换成另一个梦想了。即便他们不能很快接受，也是情有可原的。"

亚布隆卡继续说道:"转型在投资人这边也会遇到危机,要想把它解决好,就得提前找到危机所在,开诚布公地去解决。要与投资人建立信任,让他们知道你是负责任的,你和他们一样关心公司的前途,不要把数据对他们藏着掖着。你的决策要看起来直观、有道理,能直接从掌握的信息中推导出来。不论何时,都可以为自己的决策负责。"亚布隆卡还提到,创业者要警惕沦为贩卖梦想的机器。"很多创业者辛辛苦苦靠贩卖梦想来筹集资金。贩卖梦想当然也是一种必要的技巧,但是创业者更根本的职责在于实现这个梦想,这就需要严格的执行和一丝不苟的态度。"

Secret Double Octopus 是一家提供简单、安全的无密码多因素身份验证解决方案的公司,希姆里特·楚尔·大卫(Shimrit Tzur David)作为公司的联合创始人和首席技术官,同样要面对转型的问题。

"起初,我们的产品是站点到站点的安全解决方案,不需要加密密钥,我们觉得这个产品非常棒。但是卖了一年,消费者的购买热情都不高。我们经常遇到潜在用户。只要看到我们的产品,人人都说它是开创性的,但它解决的问题呢,在他们看来却不是很紧迫。我们问自己,大家真正害怕的是什么,哪些安全方面的隐患在困扰人们?我们资金快花完了,要想下一轮融资顺利,就得找出些成功的故事来,于是我们想到了转型,在安全性不变的情况下,提升用户体验。"

可具体怎么做呢?"在信息安全的课程中,你首先就会学到,信息安全同生活中许多事情一样,也需要权衡。想要提高安全性,就得放弃用户体验。想要用户体验更好,安全方面就得做一些妥协。我们的站点到站点协议使得加密密钥不再必要。通过无密码的安全密钥,我们开启了一个新的模式:安全性无与伦比地好,用户体验也很棒。这真是让人惊掉了下巴,我们就这样实现了转型。"

"我们让一位开发人员继续开发原始产品,让另外两名开发人员开发新产品。一旦我们形成了初步的模型,看着不错的话,就会整体转型。2017年第四季度,我们靠认证产品有了第一笔收入,销售情况非常好。"

还记得卡米尼茨吗?他的Worklight公司已经到了证明市场吸引力的阶段,可是产品却卖不出去。他意识到产品没有解决用户的主要问题,他想要转型。他会怎么做呢?

"2007年,iPhone首次亮相,客户问我们有没有在手机上做点什么。我们的销售陷入了停滞,原来那种'定制'产品的想法似乎过时了,因为大家的注意力都被智能手机吸引了。"在这个危机时刻,卡米尼茨说:"你得接受付出的努力没有结果,你得愿意开发新的产品。新产品做什么,我们讨论了很久,因为最开始的成功确实有一点迷惑性。公司最初的愿景听起来真实而有说服力,但这没有用。我们也可以找个经典的借口,比如我们上市太早什么的。但是,我决定转型,追求的东西不变,但是载体换成手机,为企业的应用程序提供移动支持。"

转型从来都不容易。"转型意味着放弃一些我们花费了大量时间和金钱的东西:我们的定位、市场营销、好多技术,甚至还有一些员工。我们需要的是手机应用相关的技能,而有些员工是不具备的。你还得终止和一些客户的服务,你当初获得这些客户也花了大力气,还曾经引以为傲。光是想想就很心痛。作为创业公司的首席执行官,你一直在推销,向市场推销,向投资者推销,向用户推销,也向员工推销。你过去一直告诉他们这是个难得的好机会,现在又要告诉他们这样行不通。员工凭什么相信我?既然我之前说的是错的，那么这一回又怎么能证明我是对的呢？转型很容易让人丧气。市场不在乎你转没转型，但是员工一定在乎。我感觉自己失掉了好几场战役。只要有人想私下找我谈话，我就感觉他们是要提离职了。"

在董事会和投资者那边，卡米尼茨也得经历相同的一幕。"他们还好说一些，因为他们都有经验，也经历过其他公司转型。转型需要更多的资金，我们的投资人也提供了。"经过了一项新的开发，转型完成了。"我们有了新的员工、新的产品和新的定位。我们现在为企业提供快速开发移动应用程序的平台。这就像是从零开始了一场新的创业。同样的开发工作，同样的验证，从同样的人口中听到这个想法真不错。"

转型之后，一切也未必就很顺利。"我们又卡住了，故事又迎来了转折。这一回，产品准备好了，但是用户没准备好。产品本来是想让企业的移动开发变得更容易。但企业要买账，得事先进行了移动开发，意识到它的困难和昂贵，才会有需求。但是2009年，很多企业还没有开始开发移动应用程序，我们提供的价值对它们来说也就不是显而易见的。我们的产品做对了，但时机有点太早。于是我们又经历了艰难的一年，收入比第一个产品高不了多少。一个季度才获得一个客户，下一个季度可能一个客户都没有。人们说我们看起来转型了，实际却没什么改变。作为首席执行官，我一门心思想的是要坚持下去。我确信产品是对的，我们只需要等待市场成熟。我也知道我们不可能再转型一次了。2010年上半年，我恨不得天天拿头撞墙。好在下半年，市场起来了，销售开始好转。2011年卖得非常不错。"

2012年，Worklight被IBM收购。卡米尼茨说："IBM大大提高了产品的市场占有率，其规模化的速度是我们做不到的。"

卡米尼茨从中学到的东西远不止转型本身。"独自担当

Worklight 的创始人一点也不好,精神上的负担太重了。没有联合创始人,我就没有人可以诉说'我感觉我们做错了,一半的人可能都要离开,我不知道该怎么办'。后来创办 Insert,我有了联合创始人,我们以前共事过,可以毫无隐瞒地交流,现在的关系一直也很好。"

当被问及对创业者的建议时,卡米尼茨回答说,有经验,也有教训。"有两件根本的事,是创始人应该为公司做的。一方面,要尽可能招到最优秀的人才,最好比创始人本身更有能力。招进来之后,就尽量少干涉员工是如何完成工作的。另一方面,创始人也要认识到,有几个关键的决策是只能他来做的,躲也躲不开。这些决策会影响公司的未来,而创始人可以依傍的只能是自己的直觉。除此以外,创始人可以放心大胆地把工作交给招进来的优秀人才。"

第三节
建设和运行早期投资工具

未来看起来很遥远，其实正是从眼下开始。

——马提·史提潘尼克

在本书的大部分章节中，我们关注的都是创业公司。接下来的两节则会把注意力放在科技型企业的中小型早期投资工具上。不管你是希望自己运营一个早期投资工具，还是想了解它工作的原理，为日后的融资做准备，希望这些内容能对你有帮助。

孵化器也好，小微基金也好，风险投资基金也好，都要有一个规划的过程。本节以讨论孵化器为主，但其原理适用于所有早期投资工具。

✡ 选择主题

你不可能什么都投，没有人会这么做。投资创业公司也不意味着只要是以技术为导向的就都可以，那样的话，网织得就太大了，对你投资的一系列公司也起不到增值的作用。你的公司选择一定要有一些共性，这些共性就是你的投资主题。

对孵化器来说，其投资的公司以后会活跃在哪些行业，这些行业就是孵化器的投资主题。至于具体是哪些行业，自然是有意识规划的结果。不过，随着行业和市场的变化，投资主题也可能随之变更。

投资主题是孵化器团队非常关注的内容。企业合作伙伴的选择、生态系统的开发、管理专业知识、导师等，几乎所有相关要素都取决于投资主题。要想为孵化的公司带来真正有用的价值，就得给合适的人找到合适的投资主题（见下图）。

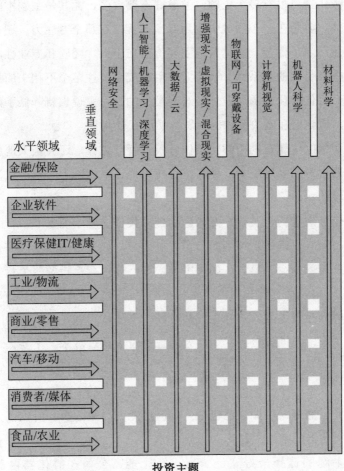

投资主题

投资主题分为垂直领域和横向领域。网络安全、金融科技、医疗保健、企业软件这种宽泛的领域属于垂直领域。横向领域则是他们使用的核心技术，比如人工智能（AI）、计算机视觉、预测分析、区块链、物联网（IOT）、机器人、材料科学等。

还有一些子主题。例如，清洁技术主题下可以有一个水技术子主题，企业软件主题下可以有一个专注于金融技术的子主题。

孵化器可以有多个主题，但最好不要太多，尤其是主题不能互不相关。要想在一个领域中成为专家，就得有那个专注力。还有，请记住，除了资金，孵化器的主要价值在于人、经验和专业性，以及这些人带来的关系网。横跨太多主题或者关注多个不相干的技术类型会降低孵化器的专业性，对其投资的公司来说也就降低了附加价值，孵化器在做决策时也就显得不那么专业了。

明确的主题有助于孵化器做好投资管理工作，还会极大地影响孵化器自身的品牌能力，使其不管在本地还是国际上，都能成为某个领域的领导核心。

投资主题的性质要好好考虑清楚。投资主题不能太窄，有两个原因。第一，确保足够多的公司可以选择，如果范围太窄，那么可选的公司就太少。第二，如果主题太窄，你可能会投资两个竞争状态的公司，从而在孵化器内产生利益冲突。这就是为什么"拍照应用"不能成为投资主题。选择主题的时候，不要被那些花里胡哨的时髦词迷了眼，早期投资工具在这方面也是没少搅过浑水。不要去追求那些"当月热门"的东西，它变得太快了，你还没投资几次，它就过时了。选一个相关的、前沿的、能长期存在的主题。另外，有一些主题虽然好（例如绿色包装），但可能交易量太少，所以也无法成为孵化器的唯一主题。

主题的选择最好宽泛一点，好让多家公司在孵化器内舒适共存；同时也应该足够精专，才能让孵化器中开发的知识为公司带来价值。这里所说的"知识"包括创办公司的艺术、如何雇合适的人、怎样理解核心技术、早期产品开发阶段路线、定价方案、上市策略、如何建立战略合作伙伴关系、如何带领公司进入 A 轮等。

选择行业的时候要小心，避免选择处于下行趋势或者创新空间不足的行业。要选择一个能够经历震荡，能够通过产品创新让市场"眼前一亮"的行业；或者这个行业能够通过创造新的消费者、降低价格、改变分销方式，又或者改变其他长久以来养成的定势，把该产品的市场带上一条新的坦途。当某项技术逐渐成熟，能够广泛运用时，震荡也会产生，比如移动电话、电动汽车等。这种震荡最终会带来一个新的市场，然后将原有的技术、产品和市场取而代之。

选择主题的时候，也要考虑行业未来的发展和演变。换句话说，你的这个投资主题应该是可以延续发展下去的。孵化器会运营好几年，在这个过程中市场也会不断发展。随着时间的推移，该领域的产品、竞争环境、技术和战略都会发生变化。请拥抱这种变化。孵化器的管理者们希望创业公司的首席执行官能够积极应对市场变化，他们自己也应该具备这种自我调适的能力。

选择主题时，还要对该领域需要多少资金做到心里有数。比如，制药公司所需要的资金是非常多的。你不能选了"治愈癌症"的主题，然后期望公司投资 100 万～150 万美元就取得重大进展。这就是为什么你看不到专注于制药或半导体行业的孵化器，因为这些行业需要大量的前期投资。不过，针对资本密集型行业，孵化器的定义可能发生变化，例如一个将半导体公司带入早期阶段的孵化器，需要帮它完成的就是概念验证，而不是生产芯片组。

主题也不应存在于真空中。孵化器可以利用现有的生态系统，比如由产品经理、企业员工、营销人员、设计师和技术人员组成的生态系统，他们都专注于为消费者提供优秀的移动应用。然而，在某些国家，创业公司几乎没有任何生态系统的支持。孵化器不必望而却步，因为它本身就是生态系统的良好繁殖地，它能将许多人和公司聚集在一起，为同一主题的不同分支而努力。

作为 Cogent Communications 的主要投资者之一，埃雷尔·马加利特（Erel Margalit）和 JVP 创始人兼首席执行官戴夫·谢弗（Dave Schaeffer）联手，要给互联网搅起一场风暴。随着 JVP 持续增长，马加利特注意到视频流量急剧增加，认识到数据和声音正在向视觉世界转移。2007 年，JVP 将媒体主题添加到其 JVP 媒体实验室孵化器中，同时加入的还有存储、大数据、企业软件和商业智能（BI）等主题。当时媒体还不是很流行。大多数以色列投资工具的主题都是企业，或者说是公司信息技术需要的产品。以至于当时人们都不太明白，JVP 所说的媒体，是视频技术呢，还是移动设备，又或者是游戏技术。

一直到 2007 年，都没有第二家投资公司将"媒体"选作它们的主题。智能手机的崛起马上将催生一批以个人消费者为目标客户的新技术公司。JVP 是如何定义"媒体"的呢？它的理念是，个人在最广义的范围内消费着媒体。这里的媒体，可以指应用程序、内容，甚至是存储。它支持新形式的广告（网络端、移动端、数字看板）、新的消费应用程序、云存储以及传输。

JVP 始终走在时代的前列。2013 年，JVP 扩大了其技术重点，以应对网络的迫切需求，并创立了新的孵化器——JVP 网络实验室。

历史上，以色列一直是信息安全领域的创新者。以色列的 CheckPoint 软件就是防火墙的前身。但随着技术的发展，越来越多的应用程序、服务和基础设施实现了云连接，一股新的技术浪潮由此爆发。网络的风险是不断变化的：把自己的设备带到工作场所，危险可能随之潜入，大数据在攻击面前十分脆弱，等等。计算机病毒也在发生变化，应对病毒的方式也要随之转变。随着越来越多以前自给自足的系统接入网络，比如发电厂、公路系统、管道和其他大型基础设施项目，它们也变得更容易受到攻击。

孵化器的主题可能也与其地理位置有关。如果孵化器位于一所大学附近，这所大学在某个领域一直很强；又或者孵化器在一个拥有大量金融集群的地区；或者政府在某些项目上投入巨资，小到清洁技术，大到军事基础设施等。这些都会影响孵化器的主题选择。孵化器也会根据其想实现的溢出效应来选择主题，比如，鼓励大学生毕业后留在当地并创办公司，或者鼓励某些类型的研发，瞄准某个商机，比如软件质量保险。

关于主题，最后要说的是，激情最重要。你应该选择一个你真正关心并充满热情的行业，能让创业者也高高兴兴进入的行业。不仅因为你和创业者将花很多时间在一起，而且我们在第9节已经讲到，激情是成功最大的动力，孵化器也是一样。

✡ 选择公司发展阶段

大多数技术型企业的投资者会将所投资的公司限定在一定范围之内。孵化器由于只选择特定发展程度的公司，所以已经将范围缩小了许多。通常孵化器选择的是前种子期、种子期、后种子期，或者前A轮的公司。你可能已经习惯用"投资主题"来圈定公司的业务范围和核心技术，在这一部分我们要讲到，公司发展阶段也是投资战略中要考虑的一个内容。

公司所处的阶段不同，其产品定义、可行性测试和产品开发的程度就不同。它在市场测试或市场吸引力、团队成熟度和与潜在合作伙伴的关系上也不同。尽管每个阶段都可以成为孵化器的投资选择，但如果能专注于某个阶段，孵化器的融资和建设将会更容易些。

通常，公司越成熟，需要的资金越多。因为它人员更多，花销也更多。更成熟的公司估值也会更高。不成熟的公司更需要孵化器的支持，包括在营销和业务发展等核心领域。

- 前种子期所需要的资金很少。公司只需要一些帮助其明确产品的指导，以及 5 万～15 万美元的资金用于初始市场测试、产品概念验证，以及创始人的工资，以便他们将所有时间都花在项目上。前种子期时间很短，通常不超过三四个月。许多加速器都会投资前种子期的公司。
- 种子投资的数额在 50 万～150 万美元之间，并且持续 12～18 个月，投资者将获得公司 20%～40% 的股权回报，影响股权的变量我们后面会说到。这笔钱应该能使公司完成其产品，并展现出一定的市场吸引力，使其更有可能满足 A 轮投资者的要求。
- 后种子期或前 A 轮大概需要 150 万～250 万美元的投资。这时的公司通常已经准备好把产品推向市场，但其市场吸引力尚不足以达到 A 轮融资的要求。

孵化器可以专注于其中一个阶段，也可以涵盖全部 3 个阶段，但要考虑孵化器的资金体量和能力范围。

✡ 投资策略

孵化器需要选择其投资策略：每个公司投资多少金额？它需要确定自己的资金目标：这些资金能把公司带到什么阶段？比如，要不要支持公司一路走到 A 轮，还是仅仅陪伴它到后种子期？

如前所述，考虑到市场环境（估值、费用等），让一家公司进入 A 轮意味着获得 50 万～150 万美元的融资，根据地理位置、投资主题、技术创新水平和预期的研发不同而有所差异。

一般认为，公司在加入孵化器的早期，每月会消耗约 4 万美元，或者，用行话来说，资金消耗率是 4 万美元。

进入最后阶段时，资金消耗率会增长到每月 8 万～10 万美元。这是按照假设公司每月在每个员工身上花 7500～10 000 美元算出来的，包括了各方面开支（这是基于西方大多数创业公司总结出来的经验，不同地区可能有所不同）。

✡ 投资、预算和后续投资

孵化器要决定拿出多少钱来用于投资，第一步就要选择主题，然后考虑将公司带入 A 轮所需要的资金。

接下来，就得考虑孵化器的投资率问题了。计算的时候，起码要考虑 4～6 家公司的体量，少于这个数，就没必要建一个孵化器了。有的大型孵化器每年可以投资 15 家公司。

有了以上这些考虑之后，"多少钱"的问题就变得非常明晰了。对一家公司的平均投资额乘以你预计每年投资的公司数量，再乘以孵化器的投资期，然后加上运营费用。如果孵化器有 3 年的投资期，每年在 4～6 个公司上投资 50 万～150 万美元，那么孵化器的年度预算就是 500 万美元。在 3 年的投资期内，孵化器要对 15 家公司共投资 1500 万美元。

另一个需要做出的重要决定是，是否要留一些资金用作后续投资。后续投资指的是公司从孵化器毕业后，孵化器依旧参与对其的投资。后续投资是根据新一轮投资的条款和估值进行的，它可以使孵化器的出资不被稀释或只是少量稀释。

孵化器没有必要对所有公司都进行后续投资，只需要考虑那些你认为在未来能够表现良好的公司就够了。假如你在3年内,想对一半以上的公司进行至少100万美元的后续投资,那么就需要增加至少800万美元的预算,可能这样都打不住。

孵化器如果不参与后续投资,随着更多资金的流入,它占有公司的股份会被稀释。如果公司经历了好几轮融资,孵化器所占股份可能会被稀释到个位数。等公司退出的时候,这些个位数的股份所带来的收益可能还不够覆盖其他不太成功的投资所带来的支出。因此,孵化器还是应该尽量对表现不错的公司进行"毕业"后的后续投资。大多数投资工具会留40%~50%的资金用于后续投资。

从某种程度上说,真正能带来回报的就是后续投资。孵化器最初的投资一般是在公司产品出来之前进行的,那个时候完全无法验证产品是否契合市场。与之相比,那么接下来的任何投资都算不上冒险。企业家大卫·麦克卢尔(David McClure)是加速器500 Startups的首席执行官,他对这一点进行了恰当的总结:"在产品进入市场之前就投,进入市场之后双倍地投。"

✡ 组建孵化器团队

孵化器为公司、企业家、生态系统及其合作伙伴(从政府、大学到跨国公司)带来的附加价值都来自其核心团队。因此,一定要好好选择团队,充分利用人脉,严格进行尽职调查,有效组建顾问委员会,为公司提供指导。

以下是孵化器人员配置的最低要求,这还只是假设只有一个投资主题、每年投资4~6家公司的情况。

孵化器经理/管理合伙人: 首先,孵化器需要一名孵化器经理。此人应具备与投资主题相关的实操经验。同时他还应具备投资管理经验，因为投资管理是他在孵化器的主要职责。

孵化器经理可能还需要一些个人特质，比如正直、专业和人际交往能力。孵化器经理固然应该对投资主题充满热情，但他应该注意不要过多干涉公司及其决议；不管是投资前还是投资后，都需要保持一定距离。孵化器经理同样不应毫无保留地偏爱一家公司或某一个点子。后面我们讨论投资委员会的角色时，会讲到孵化器经理对公司的影响和处理方法。

孵化器经理应善于阅人、识人，能够看出创业者背后的驱动力，判断他们能否带公司走向成功。识人不仅是要评估创业者的智力水平，也要观察他们对公司是否热情，在情商和人际关系上是否成熟。孵化器管理者应该擅长验证想法、理解商业计划、技术管理、理解市场和产品，并且能够发现和理解一家公司的弱点。

分析师：孵化器的另一个关键成员是分析师（有时称为助理）。分析师的主要职责是管理孵化器的交易管道，并为处于筛选过程高级阶段的投资候选人准备全面的竞争分析。分析师应跟踪并了解与投资主题相关的所有公司，密切关注行业脉搏，全面了解该领域的重大进展、交易和创新，并积极参加相关行业活动和会议。分析师的主要职责是为孵化器经理进行初步筛选和判断的依据。分析师也会与公司合作，我们后面会讲到。和孵化器经理一样，分析师应该非常熟悉当地的创业公司，多出席相关的聚会和活动。他应该赶在其他投资工具之前，发现有意思的创业者和公司。

办公室经理/社区经理：孵化器还应配备一名办公室经理，负责管理设施、举办活动等。办公室经理如果有一定的人力资源背景，将会很有优势，他在公司招聘及组建团队的过程中也能帮得上忙。很多孵化器也会招聘社区经理，其主要职责是让各类分享会、讲座保持活跃，使孵化器中的公司受益。

以上 3 人或者 4 人构成了孵化器的核心团队。值得一提的是，如果早期的投资工具是微型风险投资基金或风险投资基金，那么所需的专业人士就更多，他们通常是基金的合伙人或普通合伙人。

孵化器还可以为公司提供以下附加服务，这些服务不是必需的，而是得根据孵化器的战略定位和预算来选择。

首席财务官服务可以在内部或通过外包的方式向公司提供。在投资过程中，首席财务官可以同公司一起，建立和规划预算体系，并协助公司首席执行官管理预算和现金流。

人力资源管理服务可以在公司招人困难时助其一臂之力。创业公司总在招人，可是优秀的员工总是难以招到。而初期的招聘决策对公司后来的业绩和文化都会有深远的影响。这个功能也可以通过外包实现。

市场营销、品牌推广和公关服务也可以提供。虽然很多情况下这些知识需要基于对特定市场的了解，但在很多方面还是可以对公司起到帮助，比如建立品牌、制订营销计划、找到合适的公关公司等。

法律和会计服务也可以提供，不过外包的可能性更大一些。

服务可以免费提供给公司，作为孵化器提供的附加价值的一部分，也可以按月固定收取费用。如果公司也需要从孵化器租用办公空间，这些服务也可以同租金一起打包出售。

上述所有工资、租金、营销、法律、财务和人力资源服务都应该纳入孵化器的预算。预算的收入可能来自管理费，比如将投资总额的 2% 作为管理费，也可以来自固定的年度预算或两者的组合。绝大多数情况下，人员、服务和空间的预算应该在每年 40 万～75 万美元之间。

如上所述，租金、人力资源和财务等费用可以也应该由公司来支付。让孵化器来补贴公司的租金是不合理的，但企图在这些方面赚公司的钱也不应该是孵化器的所作所为。孵化器在这些方面仅应收取成本价,为公司成功提供最大助力。

✡ 投资委员会

和大多数投资机构一样,孵化器也需要一个投资委员会。投资委员会审查可能投资的公司的交易管道、投资交易和公司表现,为孵化器制定相关政策和战略。最重要的是,没有投资委员会的批准,对公司的投资是无法进行的。

投资委员会的具体结构取决于孵化器的投资人。通常应该由专业人士组成,而不是由投资孵化器的有限合伙人代表组成。与风险投资基金一样,决策机构里只有专业管理者,没有基金的出资人。

投资委员会一般有 5～7 名成员,其中应包括孵化器经理、其他合伙人(如有)和分析师。委员会还应包括具有与孵化器主题相关背景的专业人士。

总而言之,投资委员会是为了弥补孵化器经理的不足,为孵化器提供更理性客观的视角。

经理毕竟是个人,他可能会爱上一笔交易、一个团队或一个愿景,从而忽略掉潜在的风险和陷阱。

委员会最好每周开会,即便交易管道并不紧迫,正在进行的投资并不多,也至少每月见一次面。考察一个公司,并不意味着要立马做出决定,委员会可以考虑一段时间。在委员会开会之前,分析师会给每名成员发一张一页纸的交易通知或交易备忘录,说明拟议的交易条款(根据此前与公司就股权、董事会组成和估值进行的初步谈判),以及该公司团队背景、主要主张、产品和技术、竞争、与孵化器主题和战略的契合度等信息。

投资委员会把一家公司拿到会议上详尽讨论之后，通常会得出投或不投的决议。一般来讲，该公司的负责人（首席执行官、创始人，有时也包括董事长）也会列席会议。不过他们只做展示，展示完后会有问答环节，之后公司的人就会离开，留下投资委员会内部讨论得出结果。

投资委员会不仅需要讨论新的潜在投资，还要跟进已投资的公司的进展，读取相关报告。孵化器内的公司召开董事会时，会议要点会报告给投资委员会，同时投资委员会也会收到一份报告，介绍公司的发展状况、可能出现的问题和需要讨论的情况。因此，当公司进入下一轮融资阶段时，是否进行后续投资的决定也由投资委员会做出。

在某些情况下，如果出现了"热门交易"或交易竞争非常激烈时，投资委员会要提高紧迫感，随时准备在相对较短的时间内做出决定。整个过程应压缩至几天之内，同时还有充分分析交易的利弊，并准备好所有的相关文件。

✡ 顾问委员会

顾问委员会在孵化器中发挥着重要作用。它应该由能够帮助被孵化公司的人组成——有限合伙人的代表（孵化器的投资人）、行业专家、经验丰富的投资者和其他相关的个人。

顾问委员会不仅帮助被孵化的公司，也帮助孵化器本身。其作用不是处理日常运营或融资决策，而是帮助孵化器开门迎客，把公司介绍给相关领域潜在的合作伙伴。

作为补偿，顾问委员会的成员有时可以获得孵化器的少量股权。

✡ 孵化器的日常工作

孵化公司、帮助公司起飞并不是光靠坐而论道就可以实现的。不是说，时不时和公司首席执行官坐一坐，有困难的时候帮一帮，就行的。它需要围绕一种能够最大限度地从各方面支持被孵化公司的管理方法构建。"支持"不等于为严重缺乏某些技能或知识的公司充当拐杖。"支持"也不是自行车上的辅助轮。孵化器应该提供的是接触人和知识的渠道，让公司能够自行找到解决方案。孵化器要做的是为公司连接合适的人、生态系统和专业知识。

理想情况下，孵化器经理应该把时间分配在两件事上：与被孵化公司合作和寻找新公司投资。我们也可以概括为"对内"和"对外"两个方向。对外是会见新公司、宣传孵化器、参加活动等。对内是与被孵化公司合作、管理与孵化器有限合伙人或投资人的关系、会见基金的战略投资者，以及与基金会工作人员和投资委员会合作。

孵化器经理应与被孵化公司保持密切联系，每周至少与他们会面一次。而且，经理不应该是唯一一个在一周之内与公司有接触的孵化器人员。分析师、顾问委员会都应承担起相应的职责，还有一些支持功能也需要履行。一般来说，分析师也应该将三分之一的时间花在被孵化公司上，为其做研究，开展各项支持活动。

孵化器经理和分析师要帮助公司，他们不能越俎代庖，直接上手去管理公司。这应该是公司首席执行官的角色。如果公司需要额外的领导或管理经验，可以考虑聘请一位董事长。孵化器可以建议董事长的人选，但不应强迫公司接受。如果公司的首席执行官能力不济，那么就压根不应该投资这家公司。被孵化的公司管理层应该就位，孵化器的员工不宜也不能成为其兼职经理。

第四节
成为投资人眼中的明星

才华就像电,我们不必懂其原理,能够运用即可。

——玛雅·安吉罗

"交易管道"(deal flow)指的是潜在投资的比率或流量。这个概念对风险投资人和孵化器来说很重要,因为它直接影响到他们达成交易的数量和质量。如果交易中包含优质公司,使投资机构能够在评估、选择和投资方面发挥最大能力,那么这个交易管道就是好的。何为优质公司,不同投资人的战略和关注点不同,对这个问题的回答也会不同。总的来说,它要求公司符合孵化器的主题和预期。

早期阶段的技术型企业投资人会从不同的渠道获取交易管道,比如通过推荐人、联系人、各类会议或者活动,或者直接从公司的网站上获取。大部分的交易管道都是靠投资人的主动出击获得的。

正是为了获取交易管道,风险投资基金和孵化器才要积极地营销自己。其目标是在市场中确立自己明确的定位,吸引与之相关的优质公司。创业者则需要在公司早期寻求投资,以获取孵化器的附加价值和专业技能。创业者结束孵化期的时候,也要寻求从孵化器获得资金,而不是再去找其他人筹资,这会大大增加成功的概率。

孵化器成立以后,要有能力在相对短的时间内浏览十多家公司并做出筛选。如果做不到,孵化器将难以全速运行,无法实现其财务和运营目标。

✡ 大量对外活动

孵化器的交易管道很大程度上取决于它是否能够正确地定位及营销自己。这就需要主动、系统的对外营销工作。孵化器不光要出现在媒体报道中,还要出席各类活动和会议,孵化器的成员应经常在网上更新文章和动态。

对孵化器来说,组织会议是开始营销活动、宣传投资焦点,甚至为创业生态系统播下种子的好方法。一场主旨明确的活动,如行业大佬的演讲、创业演示比赛,甚至是孵化器内与投资主题相关的电影之夜,都能向企业界和投资界展示孵化器的主题。你可以邀请有名的科技博主来跟孵化器中的公司会面,向他展示这些公司正在瞄准的海外市场;借着博主的宣传提升你的影响力。活动和会议能展现孵化器的激情和使命。与其向企业家们宣讲孵化器的附加价值、专业和人脉,不如直接展示给他们看。

你要宣传的,是你的核心目标、你的团队、你的战略合作伙伴,以及你投资的公司所取得的成果(如签署重大交易、获得市场吸引力等)。如果有公司退出,一定要确保有媒体报道,这会给你的团队带来专业信誉。因为退出是创业者寻找孵化器时考虑的一个很重要的因素。投资人在寻找孵化器时,也会把成功的退出案例纳入考量。

一定要让人们知道你的存在。多去见见人,同事也好,投资人也好,教授、研究生、研究人员、记者、分析师和各类活跃在你所关注的主题范围内的人。向他们讲解你的子主题,让市场知道你需要哪类公司,会提升你找到合适公司的能力。

✡ 建立良好声誉

孵化器的主要目标之一就是吸引到最好的公司和企业家。仅仅让市场意识到你的存在是不够的。你还需要把孵化器的声誉建立起来。

孵化器的声誉取决于其团队、战略合作伙伴、投资组合和过去的退出。孵化器一直以来的运营方式也会影响到它的声誉。孵化器的声誉反映了它能否对接近它的公司快速做出反应、能否帮助它投资的公司和未投资的公司、它处理投资谈判的能力以及与投资公司合作的能力。

在以色列投资界，几乎所有人都知道"事事有回应"的重要性。几年前，以色列一家金融报刊上有一篇报道，称记者冒充企业家与风险投资人联系，几乎每一位投资人都在24小时之内给出了答复。这种对企业家友好的态度不仅体现在回应迅速上，还应该在与公司打交道的过程中，提供透明、快速的流程。

孵化器最好的宣传官是它投资的企业家。请尊敬你遇到的每一位企业家、每一家公司。安排充足的时间听取他们的宣讲，不要迟到；即便你决定不投资，也要给出深思熟虑的反馈。当你这样对待企业家时，你自己的口碑也会上去。

经常有人问我，孵化器是不是要接待所有来寻求合作的企业家。我的答案很明确，那就是"没错"——只要那个企业家处于孵化器感兴趣的阶段和领域。孵化器第一轮是要筛选出不符合其投资主题和战略的公司。筛选剩下的公司，孵化器要尽可能地多见这些公司的负责人。为什么这样说？

不知道你对那些电视歌曲比赛有没有印象。一般，让观众出乎意料、让评委欣喜若狂的，都是原本看起来毫不起眼的歌手。这也就是为什么孵化器应该来者不拒。很多人认为，通过推荐进入交易管道的公司一定要比通过电子邮件直接找过来的更好，这种想法是错误的。数据上，可能前者被选中的概率确实更大，但你不应该放过任何一个例。不看展示、不听宣讲，是无法做出决策的。就像歌唱比赛，你得坐下来，听每一名选手的歌声。惊喜也好，惊吓也罢，都会有的。同样，会议结束后与你交谈的人，你也不要拒绝。每个公司的宣讲你都要听，即便你聪明的脑瓜告诉你这些内容完全可以跳过。不管是孵化器本身，还是其内部的人员，都应该是能够找到、愿意倾听的，他们也应该在企业界打造出这种形象。开口向别人寻求投资不是什么容易的事，不断被拒绝更是雪上加霜。因此，孵化器不要以为创业者来找他们是理所当然的。创业者决定用毕生的精力来追求他的理想，孵化器为什么不可以花一点时间来听一听呢？

✡ 百里挑一

　　孵化器看过的公司，没有几千也有几百，而真正能选中去投资的，只有2%不到（根据主题不同，可能会略有差异）。典型的交易管道比为1：100。这100个中，你可能不是每个都亲自见了，可能是从收到的100份展示中挑了50个去见，这都没关系。总之，数据显示，每100家你浏览过的公司，只有1家你会真的投资。这也就是为什么，在选择投资主题的时候，你得确认在这个主题下有足够多的公司可以纳入考虑。比如，假设有一家专注于安全主题的孵化器，每年有600家相关公司提出申请。孵化器见了其中300家，又邀请了100家进入下一轮会面，并对其中的25家进行了尽职调查。最后，孵化器可能会选择6家进行投资。

在有些细分领域，比如水技术，新成立的公司数量较少，交易管道比可能就会高一些。在一些创业气氛不是很活跃的地方，也会出现这种情况。

但是不管怎样，你都不能因为交易管道不足而降低对公司的要求。对公司质量的妥协将对孵化器本身及其表现、声誉、运营、标准和人员产生严重的影响，这一定是你不想看到的。

✡ 多多记录，好好记录

交易管道是可以计量的，应该持续对其进行跟踪和分析。你接触过多少家公司，真正见了面的又有几家，这些都需要记录在案。交易漏斗中的后续事件也需要记录下来：多少家公司参加了第二轮会面，对多少家公司进行了尽职调查，最终投资了多少家。这种分析类似于销售渠道分析，只有一点不同，那就是：你是买方，而非卖方。此外，你还需要测算出你浏览的公司占该主题下公司总数的百分之多少。好的孵化器应该浏览不低于 85% 的相关公司。

决定不投资的公司，孵化器也应该记录在案，借此来衡量其决策的质量。这些公司筹集到资金了吗？如果筹到了，投资人是谁？他们投了多少钱？这是质量控制的一种手段。它会让你意识到，你看不上的公司，别人感兴趣。这不一定意味着你的决策就是错的，你不妨花点时间关注一下，这些公司是怎样发展的。

此外，还需要记录交易流程中有多少公司符合你定义的主题和子主题。由此你可以看到你的孵化器是否能够吸引足够多的公司。别忘了，有时候，当你碰上一家很优秀的公司，即便在你的投资主题之外，你也可能想对它进行投资。然而，如果你发现，100 家公司中，你见了 50 家，这 50 家几乎都在你的投资主题之外，那你就应该重新考虑你的投资战略了。

✡ 速度至关重要

头一轮，企业家要见的是分析师和孵化器经理，有时还会见到孵化器内的行业专家。大家会在每周例行的交易管道会上讨论这家公司的情况。如果顺利进入下一轮，创业者会被邀请与投资委员会见面并做展示。

请确保企业家在与孵化器成员打交道时，有一个很好的体验。不要一直让人家等着。一旦有了结果，不管是好是坏，都要第一时间通知对方。

每次见过一家公司后，不管你是否决定投资，都要为对方提供一点有价值的东西，人脉也好，建议也好，不要太吝啬。

对每一家公司，你都要设定好清晰的时间线，从最初的接洽，到列出投资意向书，到最终签署协议，都要有条不紊。理想状况下，如果你觉得一家公司不错，那么就应该在第一次见面后的3～4周内递出投资意向书。而一家优秀的公司，或者说有额外的投资来源的公司，应该在签署投资意向书后的2～3周内签署最终协议，并随后收到打款。在这方面，孵化器的流程要比传统的风险投资基金快，传统的风投基金完成这一流程需要3～6个月。

为什么速度如此重要？你可以这么想，如果一家公司正在寻找资金，它肯定也会接触其他潜在投资者。如果你认为这是一家值得投资的好公司，就应该迅速行动，以免有人抢走这个机会。

大多数投资意向书都包含为期30～60天的排他条款，意即公司在这段时间内不得寻求其他投资机会。这样，孵化器就有更多的时间进行尽职调查，有疑虑也可以及时澄清。

这里有一些注意事项：
- 每个进入的公司都应该记录在案。保留一份这些公司发送或提交的演示文稿的副本。几个月后如果公司再来，这些演示文稿就能帮助你评估公司有没有进展。
- 对任何联系你的公司，都要在24小时之内做出回应，哪怕只是简单地确认收到了演示文稿，告诉这些公司会尽快回复。记住，很多企业家日后都会记得这一幕的，请一定对他们保持尊重。如果有公司你想见，请在一周之内安排会议。
- 如果有公司你想见第二次，也在一周之内就安排上，同时开始调查这家公司和其市场。第二次会面的目标要清晰，要向这些公司指出你希望讨论的内容，或希望这些公司准备的数据和材料。

上述节奏确实很快，但这应该成为孵化器的工作标准。

✡ 筛选

公司提交了演示文稿或其他材料后，孵化器管理员就该开始初始筛选：该公司是否符合你的投资主题？它的现状如何？它处于前种子期，还是更成熟一点？它现在只有演示版，还是产品正在开发？它有没有客户，在市场上有没有展现出最初的吸引力？

在评估一家公司时，投资人一般会看3件事：团队、市场和产品。公司必须首先要有过硬的团队，其次才是市场和产品。

✡ 团队

面对创业公司的团队时，确保你的左右脑都是活跃的。两件事你都要评估：团队的专业性和他们对公司的激情。要判断公司的团队怎么样、有没有才干，只能通过面对面的会议。在会议中，你需要就该团队的背景、团队与公司的关系、团队之前的经历等形成意见。你钻研得越深，掌握的信息就越多。有时可能需要2～3次会议才能形成可靠的意见。通过观察他们讨论竞争和竞争格局的方式，他们如何描述技术、上市计划，以及他们所做的社交，可以去判断团队是否专业、有经验。可以向他们提出这些问题，然后好好倾听。

你还应该了解他们在一起工作了多久，最好还能了解一下创业团队成员每个人的气场合不合。很多人并不看重团队的激情，但我们前面已经讲过，当团队遇到困难时，唯一能推动团队往前走的就是激情。那种激情应该是洋溢在脸上的。激情很难伪造，如果团队有朝一日失去了激情，你就该考虑是否还要继续投资了。

时间长了，孵化器团队仿佛有了第六感，一眼就能看出来参会的这名企业家是否气场很弱。如果你也能感知出来，请一定要了解对方气场弱的原因：是气候变化导致他有点感冒，还是他对公司的激情正在消退？这很重要，因为你不想把100万美元投进去之后，才发现那个团队对此根本不在乎。

团队应该有适当的虎刺怕。对所在领域约定俗成的东西，他们要敢于挑战，带来新的范式，为未来提供另一种可能。如果他们在消费品行业，他们的产品应该体现一些创新之举，从而改变消费者的行为。如果是在企业软件行业，对于未来3～5年内行业的变化，他们应该提出自己的预测。不管创业公司专注的是哪个垂直领域，都应该做到这一点。

还有一个需要注意的就是你和团队的气场合不合。因为将来你会和他们共事很长时间。他们要能够听得进建议，接受得了批评，你和他们的谈话应该是毫无保留的、有内容的。一旦决定投资他们，他们就是你未来路上的伙伴。所以在决定投资之前，你要尽可能多地和他们相处，多和他们讨论公司的愿景、运营的方案、产品的建构、上市策略、预算等各种问题。确保你们在实际运营上的观点是一致的，确保预算和资金符合公司的目标。同时你还可以提前感受到与该团队合作是什么样的。这些都考虑进去之后，你们就可以共同创造奇迹了；虽然过程未必轻松，但一定会很有趣。

✡ 市场

一些投资人会把市场问题理解为潜在市场规模（TAM）的问题，换句话说，这家公司所服务的市场，它的潜在规模是10亿美元，还是50亿美元，抑或更大？

定义市场规模有时候并不容易，比如这家公司创建的是一个新类别。不过，大多数情况下，公司和投资者还是能够轻松地定义市场规模的。除此以外，还有一些相关因素投资者应该纳入考虑。

首先，宏观上，投资者应该去了解这个市场是在增长、萎缩还是持平。如今，包括分析报告在内的很多信息都非常容易获取。通过这些信息和一些预测数据，你能很好地了解市场的趋势和变化。这些数据很重要，但还不够。要知道，这些信息谁都能查得到，准确性也存疑。在理解这些信息的基础上，你还有进一步的任务。

第二个层次是细分领域。每个市场都有它的宏观分类和细分领域，比如甜点市场是宏观分类，冰激凌是细分领域。虽然互联网和移动广告的市场很大，正在增长，但其中的一些细分领域是在萎缩的，比如某些类型的线上广告；另一些则是增长的，比如视频广告。有些细分领域将获得巨大的市场份额，有一些则只能小打小闹。每个市场都有细分领域，你要认真去考察它们，然后为公司找到正确的定位。

考察细分领域的时候，有几个因素需要注意：该细分领域下，活跃的公司多不多，与你竞争的那些公司规模大不大，它们的产品和研发进行到哪一步了，该领域是否有大企业参与，大企业是否已成为该领域的领袖？还有一项可以考察的因素是，该领域下的公司融资来源和额度。地理因素也可以纳入考量，因为同一个领域，在有的地方可能竞争激烈，而有的地方则潜力巨大、竞争较小。问问自己，你投资的哪家公司能成为该领域的领袖吗？研究一下，这个市场内，资金是否充裕，包括用于投资的资金、拓宽市场的资金，和潜在的销售收入等。

在做这些分析的过程中，你还需要判断该公司是否并不属于某个现成的细分领域，而是正在创造一个新的领域。创造新领域的一大好处是，成为行业领袖要容易得多。CyberArk 就自创了一个领域——特权身份管理，它也成功当上了这个领域的老大。Waze 作为社交驱动的交通导航系统领导者，这个市场也是它自己创造的。

考察某个领域的市场时，你需要对该市场的走向形成预判。公司应和投资人一起，去思考市场在未来三五年后的样子，以及公司会在其中扮演什么角色。

公司对市场的愿景要勇敢、大胆一点，有一些颠覆性。公司要有野心改变市场，挑战现有的产品、主张和商业模式，引领新的潮流。

所谓市场规模，首先指的是市场整体的蛋糕有多大，其次要看公司所在的细分领域。要弄清市场规模。最好自上而下和自下而上的方法都用到。所谓自上而下，指的是要根据整体市场规模来预测业务潜力和市场牵引力。在衡量潜在市场规模时，要尽可能从实际出发，去考量该公司能获得的市场份额。一个行之有效的方法是看公司在头几年的运营中，市场份额每扩大一个百分点，增长的收益有多少。比如，整体市场规模是 100 亿美元，细分领域是 30 亿美元，那么该细分市场 1% 份额所带来的收益就是 3000 万美元。在这种情况下，如果还能增长几个百分点，公司的市场潜力是很大的。然而，如果该细分领域的市场只有 1 亿美元，那公司再怎么增长，潜力都是有限的。当然，也不能光看市场现有的规模，它的增减预期也应当被考虑在内。

所谓自下而上则是要回答：公司在资金和预算范围内能招多少销售人员，每个销售人员能带来多少利润。将自下而上和自上而下计算出的结果进行比对，看看结果是否合理。

还有一个问题，要看看市场上的毛利率是多少，以及公司预期的毛利率是多少。受各种因素影响，毛利率可能在 20% ~ 90% 之间。在一些市场，毛利率可能低至 20% 以下。这种财务状况的风险比较大，不适合新公司的生存。这也就是消费电子设备领域的创业公司少得可怜的原因。毛利率低的话，要去分析其原因：是零售渠道的问题，还是中间商的问题？是成本太高了，还是物料清单（BOM）太长，抑或是买卖双方的权力出现了错位？

另一个影响因素是市场上常见的付款条件。这直接关系到公司的现金流，因此在规划公司预算和财务需求时必须予以考虑。如果该公司已经搭建起销售模式，那么通过一些指标可以看出市场对该公司的反应。这些指标包括公司当前的收入、过去两三年的增长、收入预期、潜在客户的渠道、转化率、流失率等。

✡ 产品

评估一家公司时，第三个要考虑的因素是产品。公司的产品能否实现其愿景？它与市场上同类产品有何不同？

很多时候，产品是有技术上的创新和差异度的。但光有技术的产品是不完善的，它得能为用户带来价值，还要有切实可行的营利模式。除了依靠技术来获得优势，产品还可以在用户界面、用户体验、商业模式等方面打出差异，也可以与主要客户建立战略关系，将产品与之绑定。

在希望通过孵化器筹集资金的公司中，每个公司产品开发的程度都不一样；究竟何种合适，取决于公司所在的行业。比如，如果是在消费品领域，那么这个产品就得"做好"，在孵化器投资之前，技术、用户界面、用户体验等方面都有基本齐备。只有这样，公司才能在6个月之内发布最简可行产品。理想情况下，公司在宣讲时，已经有了一些市场吸引力，或者获得了用户留存率、参与度等相关数据。

如果公司做的是企业软件，产品的成熟度可能差一些，因为有其他的指标可以让孵化器相信公司能在6个月之内发布产品。一个好的企业软件制造公司需要理解市场、市场需求和技术。如果有潜在的企业客户对该产品感兴趣，比如已签署合作备忘录（MOU）、合作意向书（LOI）、接受概念验证（POC）等情况，将成为孵化器做决策时极大的加分项。

✡ 做出选择

尽管团队、市场和产品各要素都要考虑到，但大多数公司都不会完全符合每一个条件。如果它们条条都符合，那恐怕已经过了种子阶段，不适合孵化器进行投资了。通常是产品尚不完备的阶段。此时需要注意的是，一定要确保最简可行产品的定义是清晰的，也有明确的产品的路线图。

　　如果团队在关键岗位缺人，如业务或技术负责人，那么在投资之前可能得先把这个人招到（通常称为"有条件投资"）。如果团队经验不足，你可能会考虑安排一位了解该行业的董事长进来，对首席执行官和团队进行指导。

第四章
创新生态系统

THE UNSTOPPABLE STARTUP:
MASTERING ISRAEL'S SECRET RULES OF CHUTZPAH

第一节
步步为营，建立创新生态系统

> 成功吸引并留住创意阶层的地方就能繁荣，反之则会衰落。
> ——理查德·佛罗里达

耶路撒冷是世界上最古老的城市之一，人口有 80 万。这里的贫困率高于以色列的平均水平，社会经济地位较高的人群只占总人口的 40%。这样一个地方，看上去很难成为高科技中心。相比之下，在特拉维夫，社会经济地位较高人群占比达到 80%，受过教育的专业人士（或者说"创意阶层"）纷纷到这里来生活、工作和聚会。然而，耶路撒冷风险投资合作伙伴的故事，乃至整个以色列风险投资行业的故事，却与耶路撒冷的过去与未来紧紧相连。这些故事不仅关乎技术，还关乎艺术、企业活动和社群的活跃。

JVP 创始人兼执行主席马加利特博士曾是以色列议员。他既非技术专家出身，也不是商人。1987 年，他搬到纽约市，在哥伦比亚大学攻读哲学博士学位。为了赚得学费，他还在 Moishe's Movers 工作。

在美国期间，他读到了哈佛商学院教授迈克尔·波特（Michael Porter）的作品。马加利特说："他在讲座中提到集群作为竞争优势的来源，给我留下了深刻的印象。"讲座内容经发展完善后，被波特写入了 1990 年出版的《国家竞争优势》一书。这本书彻底改变了我们对现代全球经济繁荣和持续成功背后驱动因素的理解。回到以色列后，马加利特将书中讲述的原则运用到了耶路撒冷，改变了我们对创造生态环境的理解，从整体上影响了以色列风险投资经济的格局。

波特书中的一个重要概念就是"集群"：

当今世界的经济地图以"集群"为特征。集群是特定领域中相关公司、组织和机构在地理上的集中，集群可以出现在地区内或国家内。集群的出现提高了公司的生产力，因生产力受当地资产和周围类似的公司、机构和基础设施的影响。

当同一行业（比如制鞋、网络安全）的公司地理位置比较接近时，集群就会出现。人们的直觉会说，没道理那么多相同的公司在一起，争夺同样的客户。但其实这样是有意义的。小公司聚集在一起形成了相当大的规模经济。这里有大量的专业知识和人才，也很容易找到供应商。

波特以荷兰的花卉业和硅谷的技术集群为例，论证集群可以：

- 提高生产力和运营效率
- 刺激和促进创新
- 推进商业化，孕育新的商业形态

有人可能会说，正如托马斯·弗里德曼在《世界是平的》中提到的那样，随着全球化浪潮和互联网通信的普及，地理位置会逐渐变得不那么重要。然而，硅谷和以色列作为创业型地区的崛起似乎提供了反例。讽刺的是，虽然高科技使得远在印度和以色列的科技公司有可能产生全球性的影响，但集群理论证明地理上的接近仍十分重要。这一节我将带你从耶路撒冷到贝尔舍瓦，看看像贝尔舍瓦这样的专业网络集群是如何产生和发展的。

马加利特说："1990年我回到以色列后，就开始考虑怎么在这里建立集群。"起初，他想到的是以色列北部，后来又把目光转向了耶路撒冷，他童年的大部分时间都在那里度过。他会见了耶路撒冷的传奇市长特迪·科尔莱克（Teddy Kollek），然后决定加入政府下辖的耶路撒冷发展局，该机构的目标是促进这座古城的经济发展。马加利特说，"起初，市长对我把科技公司带到这座城市的想法非常怀疑。他告诉我，耶路撒冷是一座学者之城，工人较少，你不可能凭空让这座城市具备技术生产力。当时，我们就坐在他的办公室里。摩门教徒那个时候刚刚成立了百翰扬大学耶路撒冷中心。我告诉市长，我们应该以摩门教为榜样，用他们的方法来开发软件和生物技术。如果摩门教徒能在盐湖城建立学术机构，那么我们就能在耶路撒冷市中心建立技术集群。他听完有点动心了。"市长和马加利特专门前往盐湖城了解其经济发展的动力，开始绘制将科技公司带到耶路撒冷的蓝图。

有了市长的支持，鼓励在耶路撒冷进行高科技投资的立法获得通过。"我们在耶路撒冷工业区 Har Hotzvim 划出一小块地，计划将其用于高科技，然后积极营销，并前往国外，寻找有兴趣将分公司迁往以色列的公司。我们十分重视美国，代表团里有市长，还有耶路撒冷发展局的几位实业家。"3年时间里，马加利特带领包括 IBM 和 Digital 在内的数十家企业在 Har Hotzvim 园区开设了中心。

但是光把 Har Hotzvim 园区的地卖出去还不够，给技术型企业找到办公地点还只是万丈高楼的第一步。接下来，该创造就业，促进投资了。

"1991年，我第一次听说风险投资。我立即开始研究美国的风险投资行业是如何建立起来的，能不能借此促进以色列高科技行业的进一步增长。在耶路撒冷发展局，我们寻求能为耶路撒冷带来风险投资的项目。1993年，Yozma 项目诞生了。"

"Yozma 是以色列政府牵头的，目的是孵化风险投资基金

(Yozma 在希伯来语的意思是"倡议"和"创业")。在该项目下成立的风险投资基金今天仍然主导着以色列的风险投资行业；它们是以色列这个创业国家背后最初的核心驱动力之一。Yozma 项目通过提供显著的税收优惠以及政府美元对美元的投资，吸引外国投资进入当地创业公司。"

1993 年，马加利特离开耶路撒冷发展局，决定自己建立第一个 Yozma 基金。他从投资人那里筹集了 1200 万美元，以色列政府随后又追加了 800 万美元。"我告诉投资人，以色列是通信领域创新的温床，这里有很多军事研究，唯一缺少的是创业资金。我花了 8 个月筹集资金。当时，我觉得 8 个月很长，以为进展得不顺利。现在我才知道那个过程已经很顺利了。我把能联系的人都联系了个遍，坐飞机去见潜在投资人，一笔 2.5 万美元，一点一点攒够了钱。我的一位投资人在给他们公司的管理层解释这笔投资时，在地图上指的一直都是波斯湾。"

马加利特继续说道："1995 年，我开始认真投资。5 年之内，资金回报率超过了 900%。我一般会深度参与我投资的公司，扩大它们的知名度，促进它们的初步业务发展。"

到 2001 年，耶路撒冷风险投资伙伴在纽约、伦敦和中国都设立了办事处。马加里特说："我们在 Qliktech 等非以色列公司的投资方面表现非常好，被《福布斯》杂志选为世界领先的国际风险投资基金之一。"2002 年，他搬到纽约，担任 JVP 办公室的负责人。

2002 年，美国深陷前一年的 9·11 恐怖袭击事件，以色列国内也不太平。为了陪在家人身边，2004 年，马加利特回到了以色列。"留在纽约，我可以轻松把基金做得更大，但是我对祖国、对耶路撒冷的热爱不允许我这么做。"他说。

耶路撒冷是一座贫穷的城市，马加利特回来以后，重拾了社会和社区工作,他最开始就是靠这项工作走上风险投资之路的。
"既然从纽约回到了耶路撒冷,就不可能没有改变现状的想法。我在纽约的时候,震惊于艺术改变城市的力量,比如罗伯特·德尼罗发起的'特里贝卡'电影节,为'9·11'后的社区带来了生机。所以,在那段时间,我和妻子黛比创立了 Bakehila(希伯来语'社区'的意思),走进城市里最贫困、最落后的地区。发展到今天,Bakehila 已经影响了耶路撒冷贫困社区的 33 000 多名儿童,目前业务正向耶路撒冷的阿拉伯人聚居区和极端正统区拓展,在那里,培养以色列下一代社会领袖的项目也在开启。此外,Bakehila 成功实现了几次从社区中'退出',这些社区现在可以独立、长久、可持续地运营这些项目了。"

马加利特还创办了一家名为实验室的剧院"Hama'abada"。剧院 2003 年开业,建在一个翻修过的火车站仓库里,这座仓库的历史可以追溯到奥斯曼帝国。这家剧院举办了数千场室内和室外表演。

Bakehila 和剧院只是一个开始。马加利特还希望利用基金来帮助耶路撒冷进行城市翻新。2006 年,JVP 开始翻修历史悠久的造币厂大楼,大楼就在实验室剧场旁边。大楼建于 1937 年英国统治时期,80 年代被以色列政府弃置不用。进行了大量的翻新和保护工作之后,JVP 的风险投资基金办公室、JVP 媒体实验室孵化器和一些 JVP 领先的投资组合公司搬了进来。整个建筑群被称为"JVP 媒体区",它已经成为技术、文化、艺术和商业的汇聚之地。

马加利特解释说,"在创建 JVP 媒体区的时候,我想的是,与其把大家带到郊区的哪个偏远的工业园,不如用我们的技术去给一个废弃的地区重新注入活力。通过这种方式,我们能带来实实在在的改变,而不是仅仅将改变挂在嘴边。这样的变化是具体的,人们看得见，也看得明白。新媒体对当时的风险投资来说是非常新鲜的，它与我们希望在 JVP 媒体区进行的艺术、社区活动和高科技活动完美契合。"

把媒体加入到投资主题中也意味着一个改变。"有人说以色列公司做不了新媒体，也做不好消费者相关的东西，这些玩意只在纽约才有。我们偏偏就要在 2008 年设立一个新媒体基金。"

JVP 通过从 9 个基金筹集到的近 14 亿美元资金，专注于正在改变关键行业的技术，从 20 世纪 90 年代的通信到 21 世纪初的企业软件和存储，再到未来十年的网络安全、大数据和媒体。

今天，JVP 将目光锁定技术和目标市场的交叉点，加入了人工智能、计算机视觉、移动性等主题。如前所述，该基金已成功退出 35 次，其中 12 次在纳斯达克上市，总退出交易价值超过 200 亿美元。2005 年，《福布斯》杂志在"Midas 排行榜"中将马加利特列为美国以外地区排名第一的风险投资家。

耶路撒冷的科技生态系统在几年时间内急剧增长。创业公司一开始只有 50 家，后来发展到 500 多家，科技公司也有 600 多家，加速器和协同工作空间更是从 0 发展到了 15 家。《时代》杂志将耶路撒冷评为 5 个成长最快的科技中心之一。作为以色列议员，马加利特认为，以色列的外围地区危机重重，无法从以色列这个创业型国家获益。在经合组织的 38 个国家中，以色列的贫富差距一直"遥遥领先"。马加利特希望将以色列的外围地区发展为 7 个不同的高科技集群，以鼓励创新，并吸引国际投资。具体来说，就是各围绕一个主题，打造生态系统，给创新注入活力。比如西北部的海法将成为数字健康的卓越中心等。

✡ 贝尔舍瓦

2011年，耶路撒冷已经完成了转型，马加利特为了探望学生，来到了位于南部沙漠贝尔舍瓦的本·古里安大学。这所大学开创了世界上首批网络研究的研究生项目。现在，校长里夫卡·卡米教授（Professor Rivka Karmi）提出想在大学附近建立一个生物科技园区。马加利特深入研究了该区域计划中的人口结构，结合该大学在网络研究方面的专业特长，以及以色列该国将大量领先的技术单位迁往南方的计划，说服校长考虑将该园区改造成一个网络公园，提升整片区域的竞争力。这个主意得到了市政当局的支持，得以落地。网络公园如今已成为以色列的网络之都，也是世界上的主要网络中心之一。2014年，在第六次内盖夫会议上，以色列总理本雅明·内塔尼亚胡（Benyamin Netanyahu）宣布，"贝尔谢巴不仅将成为以色列的网络首都，而且将成为世界网络安全领域最重要的地方之一。"就在几年前，没有人会想到这个南部城市会发展出任何技术优势，更不用说被全球认可了。只有马加利特和他的JVP团队独具慧眼。

"在贝尔舍瓦建立JVP网络实验室（也即JVP网络孵化器，与贝尔舍瓦的以色列孵化器项目、本·古里安大学合作创办）是一项虎刺怕之举，"JVP的普通合伙人尤亚夫·兹鲁亚（Yoav Tzruya）说。他曾在贝尔舍瓦领导JVP网络实验室。在JVP网络实验室的一面墙上，有一张照片体现了他的想法。这张照片是几年前在参观贝尔舍瓦先进技术园时拍摄的，JVP网络实验室今天就坐落在这里。在这张照片中，你可以看到一排骆驼穿过尘土飞扬的道路，背后是茫茫沙漠和一座正在建造的现代化钢铁玻璃建筑。

在以色列南部边陲，贝尔舍瓦的条件并不优越。地中海气候让那里沙漠遍布，到处都能见到贝都因人和骆驼。然而，这里却是著名的网络中心所在地,投资表现非常出色。"瞧瞧照片里的这些骆驼,"兹鲁亚说,"当时,要在这个地方建一个高科技园区,简直是异想天开。而今天,它已经成为以色列发展最快、最专业、最负声誉的中心之一。每年都有数百个国际代表团来这里参观,而JVP的网络实验室则是参观必去的地点之一。他们到这里来学习以色列的经验,关于如何建立地方生态系统、如何利用风险资本投资、如何建立有效的公私合作伙伴关系、如何与当地大学和市政当局合作、如何将小型创业公司转变为规模化公司、如何为未来的技术创新者筹集外资,以及如何吸引领先的跨国公司设立分支机构。总的来说,就是如何从 0 到 1,打造整个生态系统。他们中的许多人希望在自己的国家建立生态系统和开放孵化器,所以很想知道我们为什么可以做得如此成功。"

兹鲁亚解释了让贝尔舍瓦成为网络之都的完美转变。"贝尔舍瓦的特别之处在哪?我认为在于许多因素的共同作用:高度集中的投资主题、健康且不断成长的生态系统,以及地理位置。我们知道贝尔舍瓦的区域竞争优势正在逐步显现。我们设想了一场完美的沙漠风暴。我们希望以最高水平的网络专家来影响以色列的投资,利用公私伙伴关系来创建这个充满活力的生态系统的基石;我们希望能够借此接触到以色列各大学进行的核心研究,并邀请跨国公司和创业公司参与这个生态系统。2012 年,成果慢慢开始显现。EMC 和德国电信在这里开设了中心。我们知道,军方计划将其网络布局转移到南方,让这座城市能够接触到更多优秀人才。每年从军队退役的工程师有三四千名,他们训练有素、技术一流,对网络安全了如指掌。"

为了振兴以色列国防军老化的基础设施,并在特拉维夫和以色列中部提供城市发展所需的大片房地产,以色列国防军决定在贝尔舍瓦附近、内盖夫沙漠里，建一座"城市"，整合上述的种种需求。内盖夫占以色列土地近三分之二的面积，但人口不到10%。这个大型基地将会是以色列历史上最大的基础设施项目之一，预计将于2020年完工，为以色列南部带来大量的就业和投资机会。

兹鲁亚说，"一定不要忘记人才问题，因为这与创业问题密切相关。本·古里安大学是网络安全、密码学、计算机科学和数学的卓越中心，还开设了独一无二的网络安全方向研究生课程。以色列还有多家成功的网络安全公司，如CyberArk和Checkpoint，这些人才库的存在也对我们的投资主题很有帮助。"

贝尔舍瓦不是世界上唯一的网络人才库。华盛顿有一个来自美国国家安全局（NSA）的巨大网络人才库，但这里总感觉缺了点什么。人才从政府机构进入企业时，在贝尔舍瓦明显能看到的那种溢出效应在这里好像没有体现。在华盛顿，网络创新大多发生在政府部门，企业界则比较少见。人们二十多岁加入NSA，然后在那里工作一辈子。贝尔舍瓦的人则恰恰相反，他们渴望成功。如果你有朋友在Fraud Science（属于第一批成功退出的网络空间公司）或者Checkpoint（防火墙的发明者）工作，或者你有战友创办了网络安全方面的公司，你肯定会想，那我也要办一家公司。在贝尔舍瓦，开公司是很正常的事。

更重要的是，我们是紧跟市场的，有迹象表明，市场对网络保护的需求正处于拐点。以前，大多数企业认为网络安全是做生意的必要支出。突然间，我们看到购买我们网络创业公司产品的企业，除了要确保交易安全之外，认为网络安全本身也是必须的。他们开始将网络能力视为一种新的收入来源，一种价值能溢出到产品的差异化因素。于是，这些企业希望网络公司告诉它们都有哪些网络安全措施。这些都表明我们在正确的时间选择了正确的投资主题。

第四章 创新生态系统

"然而，贝尔舍瓦仍然需要一个信念的飞跃，"兹鲁亚补充道，"以色列的大多数初创公司都位于特拉维夫市中心或距离特拉维夫20分钟车程的赫兹立亚市，那里有许多工程师和企业家。但我们无法在这里建以色列的网络生态系统。我们觉得网络主题会淹没在其他投资主题的喧嚣中，人才竞争会太激烈。于是我们想，找一个新地方，只做网络主题，或许会更好。我们没有选择循序渐进的方式，在原有的中心里加入新的内容，而是在以色列南部另找了一块地，专门开启网络主题。这样做的好处是抢占了先机，坏处是所有生态系统的建设工作都落在了我们身上。在政府的支持下，我们置办了第一个产业——高科技园区，离大学校园和军队驻地都很近。贝尔舍瓦的所有商业网络活动，包括EMC、德国电信、PayPal和JVP网络媒体孵化器都在相邻的两栋楼内，交流起来非常方便。这些跨国公司在贝尔舍瓦或者大学校园里举办的活动，创业公司都可以轻松参与。这是达到关键规模的一个重要因素。离得近就是好，去参加会议，不用开车，走着就能到。有访客的时候，在几栋楼间转几个小时，没有人不印象深刻。在这个生态系统中，企业、政府、学校三方参与者达成了联动，在许多项目上都实现了合作。"

比如，JVP为了加强与大学的联系，赞助了学校里的一个企业家项目。学校也可以借此吸引学生。兹鲁亚解释说："我们提供奖学金，虽然不是什么大事，但可以让学生知道这里有创业公司。我们也得到了政府的支持。当地政府希望看到溢出效应，这是很正常的。我们也与当地企业合作，我们希望这里的居民把我们的孵化器当作环境中有意义的参与者。我们不希望网络公园成为一座孤岛。我们刚开张的时候，没人知道贝尔舍瓦还有一个网络集群。我们想告诉全世界，我们开门营业了。于是我们举办了一个盛大的网络专业会议，开出100万美金的奖金，邀请我们的生态系统合作伙伴担任评委。所有进入决赛的参赛者都需要在美国的一个大型安全贸易展上做展示。这样一来,我们的消息就传递给了世界。"

"从很多方面来讲,去贝尔舍瓦都是十足的虎刺怕之举。"CyActive的坦克曼说,CyActive是JVP网络实验室中第一个退出的。"很多人都觉得去贝尔舍瓦这个想法很愚蠢,也有人觉得很疯狂。其实这是仔细考量之后的决定。瞧瞧特拉维夫,150家网络创业公司,为了招人挤破了头。什洛米(Shlomi),我在CyActive的合伙人,在本·古里安大学教授一门课程,大家都跑过来听课,他自然就能挑选最优秀的人才。而且本·古里安大学还有以色列唯一的进化算法研究实验室。招聘的管道被我们握在手里,非常高效。"

为了达到关键规模,JVP成立了网络公园,这是一个非营利组织,职能是贝尔舍瓦联合网络产业活动的中央协调机构。打造网络公园,是为了提升该地区和贝尔舍瓦的知名度,使其成为全球网络中心,鼓励学术界和产业界过来建立合作伙伴关系,并对外传播这里的人才招聘和培养计划计划,吸引更多国内外公司进驻。

兹鲁亚说:"三方形成合力,确保贝尔舍瓦的势头能够持续增长。网络公园的每家公司都可能与其他公司竞争同一个资源。但我们依然会携起手来,将更多的跨国企业带到贝尔舍瓦,创造爆炸效应,防止出现内爆。这也为贝尔舍瓦集群内的公司创造了自主性和更紧密的联系。通过调节不同参与者之间的合作方式,达成核心共识,管理信息流,集群为参与者内部的竞争降了温。"

希姆里特·楚尔-大卫(Shimrit Tzur-David)是Secret Double Octopus的联合创始人和首席技术官,她讲述了自己与JVP网络实验室合作的故事。她读的是信息安全专业的博士,在耶路撒冷希伯来大学完成了博士后项目。"对我来说,我发表的每一篇学术论文都是一次创业,因为我描述了一个操作系统。我喜欢做这项工作。

第四章 创新生态系统

我喜欢发明这些创意。"

楚尔-大卫一直对电脑充满热情："12岁的时候，我开始爱上电脑。因为我哥哥上的高中有电脑课，所以我父母买了一台电脑。我们在小地方长大，那里很少有人有电脑。我把哥哥的课本翻了个遍，自己把那些代码抄到电脑上，看看会发生什么。真有趣呀！代码抄上去之后，真的会有反应！要想学习计算机科学，你就得对编码、看结果的过程感到兴奋。如果没有这种感觉，你是不会成功的。计算机科学并不好学，你得靠激情和兴奋来刺激你。"

2014年，本·古里安大学的什洛米·多列夫（Shlomi Dolev）教授（如今是 Secret Double Octopus 的创始人和首席战略官）发布了一个博士后研究员的空缺，楚尔-大卫申请了。"一开始我觉得我不应该去，贝尔舍瓦太远了，后来决定还是去看看。我去了之后，见到了多列夫教授，我想到的第一个主意就成为后来 Secret Double Octopus 的前身。我告诉他，现在人人都带着一把钥匙加密数据，我们为什么不换一种方式，做一个秘密分享的计划？"

秘密分享就是把一个秘密分割开来，然后把不同的部分传给不同的人。那么为了了解这个秘密的全貌，你就得从所有或者足够多的人那里获得这些部分。"我接受了秘密共享的想法，但我的方式是用互联网为每一部分秘密创造单独的点对点路径。我们不是把秘密分给几个人，而是分成几条路，这样实现的秘密共享，不管计算能力有多强大，都无法解密。"

"这样一来，钥匙也可以丢了，对第三方的依赖也不存在了。既然如此，不如我就这个话题写一篇论文吧。我说。我认为这在学术上是个极佳的点子。我对实业不感兴趣，我本来是想追求学术道路的。但多列夫教授迅速理解了我的意图，并认为它会有很好的应用前景。我记得他当时非常紧张地看着我，说我们应该去见见 JVP

网络实验室的人。他还说我们得赶紧申请专利。"

2018年，楚尔-大卫获得Geektime Award颁发的以色列最佳技术研发经理奖。

✡ 拿下纽约

2018年10月，JVP在SOHO推出了其最新的中心，成为纽约第一个国际网络安全投资中心。其目标是将网络创业公司发展为主要业务。该项目是纽约市经济发展（NYCEDC）网络纽约计划的一部分，该计划旨在使纽约市成为网络安全领域全球领先的城市，在5年内创造1万个就业机会。它还与哥伦比亚大学、纽约大学、康奈尔理工学院等大学合作。"如果西海岸是美国的技术中心，纽约可以成为一个国际技术中心，与以色列和国际社会密切合作，建立下一代网络安全公司，以应对新的威胁。"马加利特说。纽约经济发展中心城市创新副总裁兼项目负责人尼古拉斯·拉拉（Nicholas Lalla）说："这是世界上规模最大、最大胆、最具多样性的网络安全倡议之一。将其设在纽约标志着网络安全的重要性。我们说，不管是在世界经济还是在个人生活中，网络安全都将成为一个绕不开的话题。"

兹鲁亚补充道："这项工作的价值将渗透到世界各地的组织。网络挑战是普遍存在的，因为它们就像中小企业一样，价值被低估了。要想找到技术解决方案，就得靠国际合作。我们也希望这种合作能提升网络安全意识、促进信息交流、推进标准化和法律法规的建立，提升响应速度和服务质量等，这些都是非常需要的。"

第二节
创新生态系统的六大支柱

社区不需要你来建立，它原本就存在。你的问题是如何帮它变得更好。

——马克·扎克伯格

耶路撒冷和贝尔舍瓦看起来都不像会有创业公司的城市，但它们确实都有一些适合发展出高科技企业生态系统的特质，事实证明也却是如此。创业生态系统能不能从0开始建立呢？当中国、欧洲、美国、南美和东南亚的代表团过来取经，询问在当地复制成功经验的方法时，我们又该怎么回答呢？

创业生态系统能不能从0开始建立，我的答案是，能也不能。技术集群和创业生态系统可以培育和发展起来，但即便你再努力，投的钱再多，有些东西也是不以你的意志为转移的。你首先要找到一片肥沃的土壤。至于成功经验如何复制的问题，我会在这一章详细解答。

分析以色列的生态系统，或世界上其他地方的生态系统时，我们可以找到其赖以建立的六大支柱。了解了这六大支柱，想要建设新的生态系统时，就可以进行比对，看看哪些地方缺失或者不足。企业家在寻找投资地点时，也可以以六大支柱为标准进行衡量。

✡ 支柱1：人才

人才，人才，人才！人才是市场生态系统最重要的组成部分。没有人才，生态系统是建立不起来的。就这么简单。

有些人对人才的认知局限于计算机科学工程师、数学博士、科学家、算法学家等。这些人显然是人才库中非常重要的资产，但光有他们还不够。当我们谈论人才时，我们也在谈论有才华的企业家，想要改变现状、挑战现状的人，有激情的人，有开公司、改变行业的紧迫感的人。企业家不一定非要来自科学、技术、数学、工程这4个领域，他们的背景也可以是商业、营销、内容、安全相关，或者像马加利特一样，来自哲学和文学。

正所谓英雄识英雄，人才的好处是他能吸引更多的人才过来。如果你打造的生态系统能够吸引到高端人才，那么更多的人才也会流入，形成一个正向的人才增长螺旋。除此以外，生态系统中的其他参与者，比如投资人、跨国公司、学术界也有人才需求。所以，计划和建造高科技生态系统的第一要务就是培育和发展人才，还要能够把人才从其他地方吸引过来。培养人才可能要花几年时间，最好从小学就开始抓起。政府应尽量为孩子提供合适的项目，激励他们在数学、科学和企业方面的才能。

想要留住人才，则需要提供负担得起的住房、丰富的文娱生活，为其子女提供优质的教育资源，还应有一些福利设施，确保其业余生活也多姿多彩。

✡ 支柱2：跨阶段融资

一个健康的生态系统要包含多种投资工具，从天使投资到孵化器，到早期和中期风险投资，再到后期的成长型基金，缺一不可。多阶段融资为创业公司提供了开发和商业化其创新产品所必不可少的时间和资金，也确保创业公司能以合理的速度增长。这并不意味着创业公司不需要获得客户、用户，建立有效的销售团队和销售渠道。这些都是公司该做的事情！公司还应该努力创收，以证明它们的产品是适应市场的，它们已经成功找到了可重复的商业模式。不过，融资环境健康时，创业公司在最初几年里不盈利也没有关系，可以专注于扩大市场份额和公司成长。当然，任何公司都应该努力挣钱，只不过这不是创业公司最初几年最重要的考核指标。

当融资环境局限于某个阶段时，比如只进行早期融资，而没有后续投资者将创业公司带到下一阶段，公司就只能尽早去追求盈亏平衡或盈利，此时这个公司成为全球品类领导者的机会就会变得渺茫。

政府可以通过税收激励政策来吸引投资者，或者像以色列的 Yozma 计划那样提供补助拨款。

✡ 支柱 3：大型企业和跨国公司

不管是在全球高科技产业，还是在各地的生态系统中，跨国公司都扮演着举足轻重的作用。在以色列，包括苹果、英特尔、谷歌、微软、SAP、华为、巴克莱和德国电信在内的跨国公司，有 300 多家。

不同的跨国公司有不同的存在方式。有的公司设研发中心，有的公司在当地创立加速器，还有一些公司选择投资当地的风投公司，并在当地派有不断寻找相关创业公司的考察团队。每一家公司都会根据自己的需要在当地发展业务。但共同点是，它们都希望能最大限度地接近创新和人才。

光看跨国公司有没有在当地开办实体业务不够，还得看它们在当地高科技社群的融合程度。跨国公司会举办并参与几乎所有相关的活动，与创业公司、天使投资人、风险投资基金和其他跨国公司始终保持良好的交流。它们不仅能从中获益，也以不同的方式为当地的生态系统带来了价值。首先，它们可以基于自身的预判和战略，公布它们要寻找的东西、市场要寻找的方向、它们的痛点，以及它们现在对什么技术感兴趣、未来需要什么技术。这些信息对企业家和投资者都很有价值。另外，它们的存在也使得它们容易接近。投资者可以在对潜在公司进行尽职调查时征询跨国公司的意见，可以互相分享交易管道，有时还可以邀请跨国公司以战略投资人的身份共同投资一家公司。许多跨国公司采取无机增长策略，因此也有可能成为创业公司的收购方。

一个有趣的趋势是，几年前，跨国公司只会关注那些已经完成了产品开发，证明了市场吸引力，实现盈利的公司。这些公司已经进入 A 轮融资，有时甚至到了 B 轮或 C 轮。现在情况不一样了。跨国公司意识到，要想走在创新的前沿，它们就得参与到生态系统中去，尽早接触创业公司。有时创业公司还在种子轮，产品还没有做出来，但是团队很强大，很有野心，或者掌握了独特的知识产权，跨国公司也会与之接洽。跨国公司在以色列开设了几十家加速器，可以每天与早期创业公司保持联系。

✡ 支柱 4：政府支持

政府在建设和支持高科技生态系统方面的作用往往被低估。高科技是一个高风险的行业，政府应该承担部分风险并将其编入预算。不仅中央政府要给予支持，地方政府也要提供帮助。

看政府支不支持，就看它给的预算有多少。对高科技产业的预算越高，支持力度就越大。但这还只是第一步。还有完善配套机制，确保创业公司的融资过程标准清晰易操作，还要提供一系列的项目，支持公司从种子期成长到需要大量研发资金的后期阶段。

以色列政府每年拨出数亿美元支持创业公司。这些项目由经济部下属的以色列创新管理局负责。除此以外，地方政府也会支持当地的生态系统。项目很多，主要针对三类参与者：创业者、投资者和企业。举个例子，加入政府授权的 19 家孵化器之一，就可以申请一笔 50 万美元的无风险贷款。还有大量资本利得税激励措施和针对创业者、投资者、学术界和企业的激励措施。这些措施不仅能创造更多技术就业机会，而且具有溢出效应。研究表明，平均每增加 1 个技术岗位，服务部门就会增加 4 个岗位。数据显示，地方政府的 GDP 增量最低不低于政府投资额的 5 倍。这种投资还以其他形式回报给国家，如高科技出口和大规模退出带来的税收、更高的就业率和周边发展等。

✡ 支柱 5：学术界

许多国家都有非常强大的大学和研究中心。但这些机构与当地高科技生态系统的联系较少。研究机构和学术界参与高科技产业的方式有很多，最常见的是成立技术转让公司，完全由研究机构所有，其主要作用是将其创造、注册为专利的知识产权（IP）商业化。具体的商业化形式各不相同，可以基于这个 IP 开一家公司，也可以将这个 IP 授权给大型跨国企业。基于现有 IP 创办公司的主要优点是，在大多数情况下，技术研究已经完成。这家新公司的主要任务是将技术产品化，并优化上市策略。将现有的强大技术产品化通常比实际开发要快得多,这样公司就能节省大量时间,在竞争对手面前也有了显著的技术优势。以色列有史以来最大的一次并购退出,被英特尔以 150 亿美元收购的 MobileEye,就是基于希伯来大学教授阿姆农·沙舒亚(Amnon Sha shua)所做的学术研究。

大学在高科技生态系统中扮演的另一个重要角色是培养新一代的计算机工程师、数学家、商业管理专业人士、设计师和其他有意加入创业公司的人。很多大学和研究机构会提供创业实践课程,有的甚至在校内建立了加速器,以方便学生一边读书,一边创业。

✡ 支柱 6:创业文化和虎刺怕精神

正如本书一直强调的,创业文化和虎刺怕精神是高科技生态系统成败的关键。勇于冒险、不惧权威、全球视野,还有时不我待的精神、从失败中学习的勇气等,都属于创业文化,是生态系统的核心驱动力。创业者未必从一开始就具备这些要素,很多都是可以培养和训练出来的。

但是,激情是教不了的。那种想要创办公司来改变现状、改变行业、改变世界的激情,是无法后天学会的。很多文化都善于扼杀这种激情。如果能够识别它,培养它,给它赋能,这种激情就能创造奇迹。

✡ 打造卓越中心

一个大型成熟的生态系统能容纳来自不同学科各类垂直领域的参与者。硅谷、以色列、伦敦等地已经成为许多高科技创业公司的大本营,容纳了大量来自不同领域的公司。

然而，对新兴生态系统来说，如果关注点能更专一，把自己打造为某一专门领域的卓越中心，成功的概率会更大。在第14节，我们讨论过投资工具的主题选择，讨论过垂直领域和横向领域。正如早期投资工具需要选择某个主题作为重点一样，新兴的生态系统也要有所取舍，才能创造竞争优势，吸引人才、资本和企业进驻。

选择什么主题，最好要考虑市场上现有的优势产业。选择的主题最好基于市场上现有的基石。例如，如果当地有一个强大的金融体系、一些创业公司、一个国际金融机构，还有一系列围绕金融科技展开的活动，那么这里就是发展金融科技生态系统的良好土壤。类似地，如果有一个地方医院很多，还有医疗卫生相关的研究中心，还有多家医疗卫生信息技术创业公司，那么这里就适合发展医疗保健和医疗设备相关的生态系统。重点也可以放在横向领域上，如人工智能、计算机视觉、机器人技术、物联网等。不管是垂直领域还是横向领域，都应该有清晰的重点，同时也不应太过狭窄，要具备发展成世界级卓越中心的潜力。这样的生态系统可以有不止一个主题，但最好慢慢来，先选定一个，再扩展到第二个，依此类推。

之所以要先专注一个主题，那是因为这样一来，6个支柱就可以共同往这一方面发力，那么关于这一领域的教育和培训也会受到重视，关注这一领域的投资者也愿意过来瞧瞧，在这里寻找合适的创业公司，相关领域的跨国公司也会关注这里的技术和创新，政府也知道可以给予怎样的激励政策，投资者、企业和学术界也会关心这里产生的 IP 商业化情况。

如果你正在负责一个高科技生态系统，或者有意创建一个，可以从这 6 个支柱来分析，找到最需要强化的地方。决策应该建立在全面收集定量和定性数据的基础上，这样结果才最接近准确。这些数据应包括过去三年的投资资本和投资明细；投资的各个垂直领域的细分；活跃创业公司的数量以及它们所处的阶段；加速器、孵化器和风投基金的数量及规模；从这个生态系统中成功退出的数量；工程师和计算机科学家的人口密度；当地产业和企业的竞争优势；跨国公司在地方市场上的数量及其收购历史；政府为高科技产业提供的配套措施，如税收优惠、优惠税区、特殊早期项目、外国资本投资法和跨国经营激励等；以及领先的学术机构及其最强大的部门和研究领域。

收集和分析了这些数据以后，就可以把它们呈现到这样的可视化图表上来。我们把这6个支柱呈现为一个六边形，用1～5表示每项支柱的优劣情况，1最差，5最好，如下图所示。

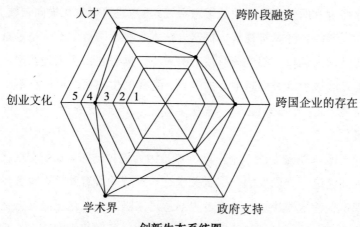

创新生态系统图

这个练习可以帮助生态系统的领导人做决策，找出优先级。比如，跨国公司这块比较欠缺，应该做点什么？想要吸引个人资本投资，可以找政府要来哪些项目和激励计划？如何让学术界与产业界的关系更紧密？等等。

这个练习对于寻找合适的战略主题也是有用的。在收集和分析数据的时候，可以从中看出是否有合适的潜在主题。如果存在一些支持某个主题的模块，比如医疗健康、航空、农业等，即便再小，在进行战略规划的时候也应该注意到。前期还有一些准备工作要做，比如收集每个支柱的相关数据，分析这些数据，并为每个数据赋予适当的权重，这样这张图才能真实地反映生态系统的现实。

THE UNSTOPPABLE STARTUP:
MASTERING ISRAEL'S SECRET RULES OF CHUTZPAH

后　　记

在本书的导言中，我提到，写这本书是因为在某次国际高科技论坛上，一位观众朋友对我的提问，或者说下的战书。他问我能不能把我关于以色列高科技成功的 50 分钟演讲缩略成 140 字以内的推文。你可能还记得，我的回答是"虎刺怕"。

在很多场合都有人问我创办或投资一家企业时该怎么做决策："我的下一家创业公司该聚焦哪里？"或者"我下一步投资该寻找怎样的公司？"根据我个人的观察和与企业家的接触，我的答案是——不同的人动机不一样，做决策时所考量的方向也不一样。我试着把各种要考虑的问题列出来，得出了 10 条做决策的关键因素。大多数情况下影响决策的原因肯定不止一个，通常是有一个主要原因，再有几个次要原因。

✡ 1. 垂直驱动

一些企业家和投资者会选择特定的垂直行业，如医疗保健、金融科技、农业科技、医疗设备、旅游科技、水资源、可再生能源或网络安全。

这么做的优点在于你可以成为特定行业的专家。当今世界竞争激烈，科技发展迅速，你得了解这个领域的一切动态：不断开发的创新成果、学术机构和其他机构的研究、已注册的专利、该垂直领域各参与者的活动，等等。对一个领域了解得越多，就越有可能创建或投资一家将真正的创新引入市场并具有很高的主导潜力的公司。

这么做的挑战在于，传统垂直领域之间的许多界限正在模糊，我们过去认为很清晰的界限，现在已经难定义。很多概念跨越了多个垂直领域。例如，金融科技公司涉及网络安全的要素；农业科技和食品科技之间有许多共同点，其中许多还与医疗保健相关。这并不意味着垂直的方式不能再用了，但很可能需要重新审视甚至改写。

✡ 2. 横向驱动

还有些创业者和投资者会选择一个横向领域，如人工智能、区块链、计算机视觉、机器人、大数据、传感器、材料等。

和垂直驱动一样，横向驱动的好处也是可以成为特定领域的专家。但因为这种领域的划分更多是技术角度，而非市场角度，所以主要的劣势在于你的专业技能可能太过宽泛，在商业上不好利用。比如，材料可以是建筑材料，也可以是新型服装材料；机器人可以是工业机器人也可以是家用机器人。此外，专注于某一个横向领域的技术可能会限制更广泛的应用。当今产品的发展趋势是综合运用多种技术，未来这种趋势只会更加明显。新的服装面料里可能会嵌入传感器，机器人也可能使用计算机视觉技术和自然语言处理（NLP）功能。

为了应对这些挑战，专注于某个横向领域的企业家或投资者可以寻求能够在业务方面提供帮助的市场专家的建议，同时也要借助其他技术专家的力量。

✡ 3. 需求/痛点驱动

一些企业家和投资者发现市场上存在痛点，却没有人解决；或者预计未来会出现某种需求，于是着力去满足。无论用户是个人、小公司、大企业、政府还是谁，都会不断涌现新的需求。例如，对连接的需求、对实时信息的需求、对在移动中管理任务的需求，或者保护隐私的需求、实时分析大量数据的需求，等等。工厂需要在机器故障发生之前做出预判，金融机构需要保护其计算系统，城市需要新的交通解决方案，不一而足。满足这些需求的手段不断变化，是创新的主要力量之一。预测未来需求绝非微不足道，大多数人的预测是基于对数据、趋势和技术突破的分析，以及对特定领域领导者的信任，这些领导者有的是个人，有的是组织机构。然而，历史已经不止一次地证明，这些领导者的预测往往是错误的，可以参考，但是不能盲从。

这种方法的好处在于它是市场驱动的。要想知道市场的发展方向，预测未来的需求，就要尽可能地接近市场，了解市场。例如，当物联网开始发展的时候，就有了保护数十亿可能被黑客攻击的设备（智能汽车、智能家居、智能医疗设备、智能基础设施等）的需求。

这种方法的主要缺点是，如果需求已经存在，那么世界上可能已经有无数团队都在寻找解决方案。解决方案可能不止一个，但竞争一定非常激烈。在预测需求时，时间和规模上的风险都需要把控。这种需求何时会出现？解决方案是否能够规模化？有很多例子表明，公司进入市场容易掐不准时间，有的太早，有的太晚，另外可能会出现实际上的市场比预期的要小得多的情况。

✡ 4. 团队/人才驱动

这种方法基于一个简单的事实，那就是几乎所有成功的公司背后，都有一个人才济济、领导得力的强大团队。有的团队一开始不知道要做什么，可一旦决定，就齐心协力地去做，这样成功的案例不在少数。还有的时候，团队还没搞清楚要做什么，投资人就冲着那个团队投了钱。这种方法背后的思路是，有才华的人总能想出有突破性的好点子，并且也能找到付诸实践的好方法。

这种方法的主要优势是，在不断变化的环境中，唯一能够持续影响公司业绩的就是创始团队。当然，公司整体人员构成是动态的、不断成长和变化的，但创始团队就像它的DNA。有些人把创始团队与投资人的关系比喻成一场婚姻。你首先得和正确的人"联姻"，然后再去考虑要联手做些什么。

这种方法的主要缺点是，团队可能需要一段很长的时间来想出一个绝佳的主意。创业者可能会花一两年的时间搞研究、调查市场，然后才去寻找投资人。

✡ 5. 资本驱动

这种方法背后的主要原因在于，既然开公司要花钱，创业公司就应该去寻找那些愿意出钱的投资者。创业者可能会去寻求"热点项目"，或者组建一个强大且"好投资"的团队，以此来增加获得投资的概率。

站在投资者的角度，这种方法使共同投资成为可能。有的投资者，不管他投资的是哪个阶段的公司，都不愿意做公司的唯一投资人。

从创业者的角度来说，这么做的好处是，这家公司从成立的第一天起，首要考虑的问题就是如何获得资金。这种思维方式让公司更容易获得资金。对投资者来说，有其他投资者共同承担这家公司的财务支出，可以降低成本；来自其他专家的尽职调查，也能降低风险。

而这么做的主要缺陷是，在某些情况下，消极的"俱乐部投资"动态可能会导致错误的决定。一位成功的投资人曾经告诉过我："我经历的最严重的损失和最痛苦的倒闭都是与最知名的公司和最好的投资者一起完成的。"这并不意味着共同投资一定不好，在许多情况下，它运作得非常好，但应当谨慎，不能只依赖其他投资者的决策。

✡ 6. 技术/IP驱动

这种方法背后的基本原理是，在当今混乱且竞争激烈的市场中，一家公司必须拥有真正的技术优势，最好是拥有独特的IP。很多市场的突破和技术研发得以实现，靠的都是核心技术的创新。有些大公司就是基于强大的IP创立起来的，这个IP可以是内部培育出来的，也可以来自学术机构或其他研究机构。很多大学会有专门的资金用于资助拥有独立IP的创业公司。

这种方法的优势在于，公司一面世就能获得竞争优势。而且，有的时候IP的研发费时费钱，而公司却不必为此支付费用，只需要将其产品化和商业化就可以了。

缺陷在于，既然是技术优先，那么技术就会先于对市场的定义、产品、上市战略、分销战略、商业模式和其他市场业务相关的内容，而这些都是应该在早期纳入考虑的。这种方法有时会导致公司得去

"寻找市场"或"寻找需求"。比如，一家公司有了一个特别好的技术，但不知道该怎么用它，也不知道让谁来用、由谁付费。很有可能，这项技术的市场其实很小，或者根本没有市场。

✡ 7. 商业模式驱动

这种方法的前提是，如果没有强大且行之有效的商业模式，公司就没有存在的理由。这并不意味着公司需要盈利，它可能决定将钱花在增长和扩张，但起码要有收益。有些企业家之所以采用这种模式，是因为市场上资金比较匮乏。既然没有外部投资可以依赖，他们只能从一开始就通过销售来赚取收益。也有不少投资人认为，只有商业模式可行，才能证明存在市场吸引力；也就是说，只有有人愿意为这项产品或服务付钱，它才有价值。当然，采取一种商业模式之前，还有许多问题要问，比如，愿意付费的用户有多少、收入模式是经常性的还是非经常性的、有没有办法提高收入，等等。

这种方法的优点是，产品与市场的匹配不再是一个理论问题，而是从一开始就用销售的形式在验证；公司可以清楚地了解市场的态度和产品的价值。对投资者来说，既然公司能够证明其市场价值，也能够维持运转，那么投资的风险是相对较低的。

这种方法的主要缺点是，不仅产品研发有可能被赶超，商业模式的探索过程也有中断的风险。因为新的商业模式总是需要时间去调整、去证明其有效性的。

如果确实缺乏资金，只能走商业模式驱动这条路，那么公司的增长率会是相对较低的。如果此时竞争对手的资金较为充足，它有可能赶超创业公司，占领市场。要想成为行业领导者，就得快速增长，外部资金就是让公司跑得更快的燃料。

✡ 8. 新领域驱动

这种方法关注那些改变游戏规则的公司和创新，它们有的发明了一个新的分类（比如 Twitter），有的打破了原有的市场规则（比如 Uber 在出租车行业和 Airbnb 在酒店业）。

这种方法的优势在于，不管是独创一个类别，还是打破现有的规则，公司都有很高的概率成为行业领导者。因此即便出现了竞争者（这种情况不在少数），它们依然会成为行业领袖，竞争者只会被看作是模仿。于是，企业家和投资者得出的估值和市盈率就会非常高。

这种方法的缺点在于它赌得很大。如果企业家和投资者相信他们的点子能征服市场，那么就会投很多的钱进去，不仅用于研发，还要用于商业拓展和营销。而赌错的可能性总是存在的，这样一来投资就打水漂了。

✡ 9. 影响力驱动

近年来，越来越多的企业家希望建立有影响力的公司，投资者也想投这样的公司。这种公司就像上了一道"双保险"，除了传统的衡量财务利润或损失的底线外，还有一条底线可以衡量公司对社会产生的积极影响。社会影响的定义非常广泛，可以包括从文化到环境的一系列范畴。当我问一位自称是影响力投资者的人他如何定义社会影响时，他的答案很简单："与社会为善的，都是好的。"

这种方法的主要优点是，公司在传统的财务目标上还有一个目标，这也是公司存在的另一个原因。管理层和员工如果对这一点高度认同，那么公司会更有凝聚力。

这种方法的挑战在于第二条底线很难量化。去评估社会影响，再纳入绩效考核的方法也不是没有，但是很复杂，很难实现。有些影响力投资者会根据公司对第二条底线的衡量能力来决定是否投资，只有有能力进行衡量的，他们才会投资。有的机构会根据公司对其员工、客户、社区和环境的整体影响来评价。第三方验证、公共透明度和法律责任的结合有助于这些公司建立信任和价值。

✡ 10. 激情驱动

最后这种方法比其他方法更直观、更感性，更少受数据或事实的影响。可能更多靠的是感觉，不是分析。然而，正如本书前面所描述的，激情是创业公司最重要、最强大的资产之一。对一个出色的创业者来说，激情就是动力，是克服困难的能量。创业者应该对他所要建设的东西抱有激情，不管是在哪一个垂直领域或横向领域，不管是不是投资的热点，有没有有效的商业模式或技术突破。投资者也会看重这一方面，他们可能对某一领域富有激情，也可能是对某个团队或某个产品。

激情驱动是纯粹情绪化的，这既是它的优点，也是缺点。优点在于这种感情是充沛的、有感染力的、真挚的。缺点在于人们可能被激情冲昏头脑，在决策时忽略了数据、市场调查和竞争者分析。

显然，在创办新公司或考虑投资一家企业时，可以采取以上多条路径。但一定要主次分明。并且，当你找到了影响决策的主要因素，在面对困难和挑战时就会更加从容。

创新的力量是势不可挡的，希望每一家创业公司都拥有这股力量。

THE UNSTOPPABLE STARTUP:
MASTERING ISRAEL'S SECRET RULES OF CHUTZPAH

致　谢

　　随着生活节奏的加快，大家都在追求事业，杂务缠身，已经没有什么机会停下来，深呼吸，对人生旅途上那些重要的人表示感谢了。在此，我想利用这个机会，好好表达一下谢意。

　　我头一个想感谢的就是我那温柔美丽的妻子迈克尔·阿多尼·克罗扬克。我们在一起17年，我所做的每一桩努力，包括写这本书，她都是我最大的支持者。在写作这本书的过程中，她一直陪伴在我左右；没有她，就不会有这本书。

　　我的母亲汉娜·阿多尼教授一直鼓励我做自己喜欢的事情，尽管有些爱好让她免不了为我担忧，比如潜水、在第三世界国家背包旅行、穿越沙漠、加入以色列国防军战斗部队。从小到大，她对我从不缺乏信心，也教会我要相信自己。谢谢您，一直在我身边，向我分享您的所思所想，教会我区分平庸、良好与优秀，鼓励我努力做到最好。

　　我要感谢我的姐姐米哈尔·阿格蒙·戈南。她是一名法官，也是我能想到的最好的姐姐。她和我一样，对创新和技术有强大的热情。

　　还有我的岳母莱奥拉·克罗扬克和岳父大卫·克罗扬克。他们对孙辈非常慈爱，帮我们分担了不少。工作原因我得经常去海外出差，有他们在我很放心。

还要感谢 JVP 的创始人兼执行主席马加利特博士。正是他出于信任，把我招进了 JVP。马加利特博士是风险投资领域的资深导师，他教导我商业不仅仅是赚钱，还有对社会、文化、城市产生积极的影响，这些方面看起来各自独立，实际上却是息息相关的。

尤亚夫·兹鲁亚是我的挚友，也是非常好的合作伙伴。在我认识的风险投资家中，他算得上最聪明、最厉害的一个。我准备写这本书的时候，第一个就想到了找他咨询。整个写作过程中，多亏他慷慨分享经验、智慧和建议。谢谢你，谢谢你的友谊和付出。

我的好朋友、好伙伴、好同事菲奥娜·达蒙是那种一两句话就能让你豁然开朗的人。谢谢你给我带来的积极向上的能量，谢谢你的妙语连珠，谢谢你在百忙之中抽出时间，帮我阅读全文，勘定讹误。

我还要感谢那些和我在 JVP 共事过的伙伴：科比·罗森加滕、加迪·蒂罗什、拉菲·凯斯滕、哈伊姆·科潘、米哈尔·德雷曼、帕尼娜·贝纳米、尼姆罗德·科兹洛夫斯基、塔利·拉宾和加迪·波拉特等。他们都是很好的团队成员，也非常专业，待我就像家人一样。俗话说："如果你是这间屋子最聪明的人，那么你可能进错了屋子。"我很高兴地说，在 JVP 的所有岁月里，我从来没有进错过屋子。

感谢切米·佩雷斯、伊马德·特尔哈米和伊齐克·弗里德，他们是 Takwin Labs 的董事会成员和创始人，Takwin Labs 是一家投资以色列阿拉伯企业家的影响力基金。感谢你们让我有幸成为这个团队的一员，和你们一同打造这样有影响力的事业。通过在犹太和阿拉伯高科技企业家之间搭建这座独特的桥梁，Takwin Labs 不仅在阿拉伯社群发展了企业家精神，也强化了整个以色列的高科技氛围。

致 谢

感谢 Startup Nation Central 的温迪·辛格，她从第一天起就支持这本书，她对耶路撒冷生态系统的建设和发展也做出了很大贡献。感谢《创业的国度》作者索尔·辛格（Saul Singer）分享的经验和提供的建议。

我还要感谢 Siftech 的创始人和董事会。Siftech 是耶路撒冷第一家加速器，在耶路撒冷的生态系统中扮演着关键角色。同时，感谢 Shamayim 的理事会成员，这是一个非营利性组织，旨在培养青年的领导力和公民意识。

所有我投资过的企业家，感谢你们让我成为你们旅程的一部分，你们都是很优秀的合作伙伴。多谢你们给了我这样一个贡献自己力量的机会。感谢所有我共事过的董事会成员们，你们用经验、热情和知识帮助公司取得了成功。

尤其要感谢罗尼·弗洛曼，她在这本书的写作中一直是我的得力助手。她和我一起讨论这本书的结构，和我一起进行了很多访谈，在写作和编辑的过程中也帮了很大的忙。她的专业和用心是无人能比的，她的友谊和支持对我来说也弥足珍贵。

阿迪·索弗·蒂尼是同事，更是朋友。感谢你为我写那篇精彩的前言，也感谢你这么多年来的精诚合作。

我还要对我采访过的那些企业家们说一声大大的感谢。感谢你们分享你们的故事、经历和观点。本书的所有内容都是基于案例，如果没有你们精彩的讲述、没有你们所分享的幕后故事，就不可能有这本书。我也十分荣幸能了解你们的奋斗历程，倾听你们所经历的挫折和挑战，也很高兴能够看到你们的坚持、投入和激情最终换来了成功。感谢你们——吉尔·本·阿尔茨、基尔·达马里、伊农·多列夫、马克·加吉特、埃亚尔·古拉、盖伊·霍洛维茨、埃亚尔·因巴尔博士、沙哈尔·卡米尼茨、尤里·莱文、埃雷尔·马加利特、乌迪·莫卡迪、以色列国防军的 N 少校、达芙娜·尼森鲍姆、阿迪·蓬达克·明茨、科比·罗森加滕、利兰·坦克曼、尤亚夫·兹鲁亚、希姆里特·楚尔、大卫·埃兰、瓦格纳、扎克·韦斯菲尔德、伊多·亚布隆卡，谢谢你们！

我要感谢铁穹系统的发明人和团队负责人丹尼·戈尔德，在人人都说做不了的时候，他没有放弃。他开发出的这项技术，打击了上千枚射向以色列的火箭，拯救了无数以色列平民的生命。

感谢莫伊什·马纳和 Mana Group 团队，感谢你们让我成为你们鼓舞人心的愿景的一部分，共同建造一个高科技的社区，使之成为独特创新的城市发展模式的一部分。这种模式从迈阿密开始，很快将扩展到其他城市。

我还要感谢我的朋友兼同事艾利特·古尔曼，她精力充沛，执行力强，而且百分百真诚。

我的挚友罗尼·达尼维奇是作家、撰稿人、平面设计师、摄影师。他是我认识的最有创造力、最有才华、最聪明的人之一。谢谢你给我分享写作的经验、给我出的各种点子、为本书拟定的书名和设计的封面，也感谢你一直以来真挚的友谊。

我和阿米尔·塞拉亚认识有 35 年了，他待人真诚，脑瓜聪明，我们还曾一起去沙漠旅行。

还要感谢一位朋友，杰克·科恩，他在麻省理工学院发起并运营了以色列实验室，向学生展示了以色列的高科技。感谢他对本书的支持和贡献。

感谢我的朋友兼同事毛罗·穆拉托里奥·诺特，感谢你让我看到了巴西和拉丁美洲逐渐发展起来的高科技生态系统，感谢你对技术和创新的热情。斯瓦尔多·巴博萨·德·奥利维拉和里卡多·科埃略·杜阿尔特，谢谢你们组织的旅行，谢谢你们把我介绍给

致 谢

巴西的朋友。

感谢我的经纪人詹姆斯·莱文,我给他讲述这本书的计划时,他第一时间就爱上了它。他凭借他的专业、投入和信念一直在为我操劳。多亏了他的倾情贡献,才有了这本书。

感谢聪明、专业又细致的编辑阿瑟·戈德瓦格,他通过调整各章结构,删除冗杂内容,让这本书有了极大的改进。

感谢法律顾问托尼·格林曼,感谢他在整个出版过程中提供的专业指导和持续协助。

感谢哈珀·柯林斯出版集团的蒂姆·伯加德,他相信这本书的独特性,促成了这本书的出版,并在整个出版过程中提供了高度专业和非常友好的指导。同样也要感谢感谢哈珀·柯林斯出版集团的贝基·鲍尔,她为本书的营销付出了很多。感谢莱维斯联合公司的杰夫·法尔和贝丝·麦特里克,他们对本书的细节进行了把关。

感谢科琳·莫德、米科·诺拉托和艾玛·博耶的专业合作。感谢 Ledonne Brands 公司的凯特·莱顿、帕梅拉·勒韦伦兹和海伦·菲克斯,感谢你们在整个营销环节所做的贡献。感谢 Brandish Studio 的布伦特·班贝格,感谢他搭建、设计、运营我的网站。

我还要感谢以色列 ICB 投资公司的安德鲁·章推荐本书并找到中文译者。感谢译者章布申先生担当本书的翻译,感谢他专业的翻译工作。在整个翻译过程中,他力求做到译文准确,以最好的方式呈现原著,这不是一件容易的事情。感谢清华大学出版社的顾强编辑让本书中文版的付梓成为现实。

最后,感谢我亲爱的孩子莉亚和丹尼尔,感谢他们赋予了我做这一切的意义。在我眼中,他们就是天底下最好的孩子。